Klasse 9/10

Sabine Bundle

Stationenlernen
Quadratische Funktionen

$y = ax^2 + bx + c$

x_1 x_2

$x_1 + x_2 = -\frac{b}{a}$

$x_1 x_2 = \frac{c}{a}$

$ax^2 + bx + c = 0$

$x_{1,2} = \frac{-b \pm \sqrt{b^2 - 4ac}}{2a}$

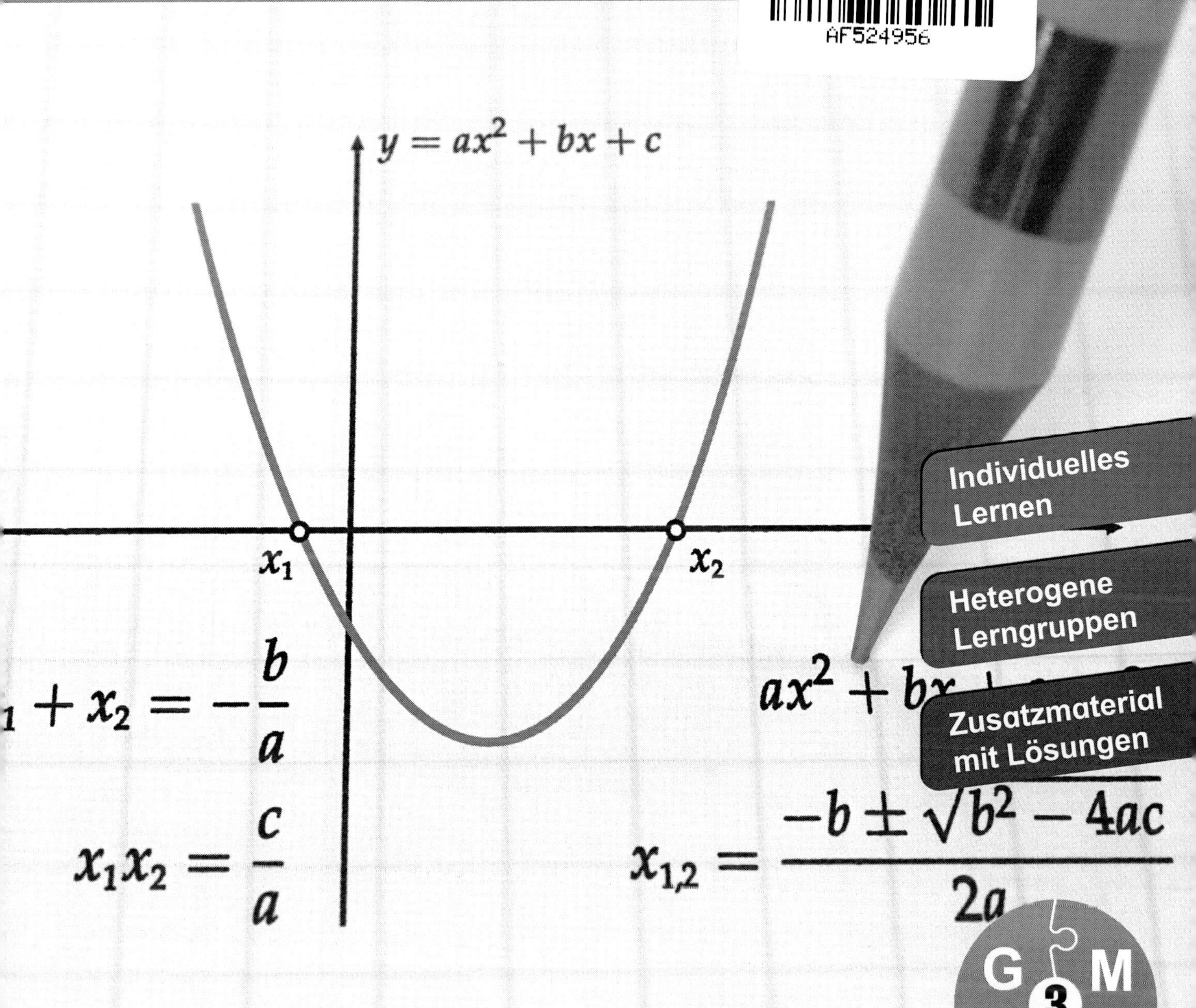

Individuelles Lernen

Heterogene Lerngruppen

Zusatzmaterial mit Lösungen

Darstellungen, Nullstellen, Scheitelpunkt, Satz vom Nullprodukt u.v.m.

Stationenlernen Quadratische Funktionen

2. Auflage 2026

Inhalt: Sabine Bundle
Coverbilder: © benjaminec & volondoff – AdobeStock.com
Redaktion: Kohl–Verlag
Grafik & Satz: Simone Demler & Kohl–Verlag
Druck: Druckhaus Flock, Köln

Bestell–Nr. 12 926

ISBN: 978-3-98558-278-5

Bildquellen © AdobeStock.com

S. 6: © cool vp; S. 10: © svetolk; S. 17: © Maksym Yemelyanov, Andrey; S. 19: © Via Nova; S. 21: © Vita; S. 22: © Vita; S. 23: © renagroby94, barbulat; S. 24: © henriklundgren, blende11. photo; S. 27: © Feoktistova, flovie; S. 29: © nsit0108, codexserafinius, Pink Badger; S. 31: © Memoangeles; S. 35: © svtdesign; S. 37: © TechSolution; S. 38: © Memoangeles; S. 39: © TukTuk Design; S. 41: © guliveris; S. 42: © wowomnom; S. 43: © PATARA; S. 45: © AndS; S. 47: © Dodoodle, wowomnom; S. 48: © wowomnom; S. 49: © J BOY, LadadikArt; S. 50: © LadadikArt; S. 51: © LadadikArt; S. 52: © LadadikArt, batgus; S. 54: © Zack Frank; S. 55: © LadadikArt; S. 57: © Creative Juice, LadadikArt; S. 58: © Vctrproject; S. 60: © Christine Wulf; S. 62: © lupacoarts, LVDESIGN; S. 64: © euthymia;

Kontakt: Kohl-Verlag, An der Brennerei 37-45, 50170 Kerpen
Tel: +49 2275 331610, Mail: info@kohlverlag.de

Inhalt

Stationenlernen Quadratische Funktionen – Bestell-Nr. 12 926

Vorwort

Liebe Kolleginnen und Kollegen,

dieses Werk zum Stationenlernen im Mathematikunterricht soll Ihnen Ihre alltägliche Arbeit mit Quadratischen Funktionen erleichtern. Die Stationen eigenen sich ab Klasse 9 bei der Erarbeitung und Vertiefung des Themas Quadratische Funktionen, aber auch als Wiederholungsmaterial in späteren Klassen.

Der Themenkomplex wurde dazu in folgende Bereiche unterteilt:

A: Parabeln der Form $y = ax^2$

B: Parabeln der Form $y = ax^2 + bx + c$ – Grundlagen

C: Parabeln der Form $y = ax^2 + bx + c$ – Weiterführende Aufgaben

D: Vermischte Aufgaben

E: Geometrische Aufgaben

F: Funktionale Abhängigkeiten

G: Rätsel und Spiele

Ausführliche Erklärungen zum Aufbau des Buches

Stationen:
Die Aufgaben der einzelnen Stationen bauen thematisch aufeinander auf. Bei den Bereichen A, B, C, D werden einzelne Teilaspekte eingeübt, wohingegen bei den Stationen E und F das zuvor Erlernte in längeren Aufgaben verknüpft wird. Die Station G beinhaltet verschiedene Rätsel und Spiele. Diese können als Auflockerung während der Stationenarbeit oder dem Unterricht eingesetzt, aber auch ideal in Vertretungsstunden verwendet werden.

Differenzierung:
Jede Station besteht aus unterschiedlichen Aufgaben, welche den Niveaustufen: grundlegendes Niveau, mittleres Niveau und Expertenniveau zugeordnet werden können. Jede Station ist mit dem entsprechenden Symbol zur Einordnung gekennzeichnet:

⊙ = Grundlegendes Niveau: Grundlagen des Themenbereichs, Einübung standardisierter Lösungsverfahren

! = Mittleres Niveau: Vertiefung der Grundlagen

✶ = Expertenniveau: Transferwissen und weiterführende Aufgaben

Um den Schülern das Arbeiten zu erleichtern, befindet sich vor den Stationen ein kleiner Theorieteil. Dieser ist den jeweiligen Stationen, erkenntlich an dem zugehörigen Buchstaben (A–F), zugeordnet. Mit Hilfe dieses Skripts können die Schüler eigenverantwortlich die benötigten Lerninhalte nachlesen und sich selbstständig Hilfe holen. Der Theorieteil ist auch für Schüler als Zusammenfassung vor einer Lernstandserhebung oder als Lernhilfe bei verpasstem Unterricht auf Grund einer längeren Krankheit geeignet.

Lösungen:
Wer die Aufgabe der Schüler korrigiert, hängt zum einen von der Lerngruppe und zum anderen von den Vorlieben der unterrichtenden Lehrperson ab. So kann dieser die Verbesserung der Aufgaben selbst übernehmen oder die Schüler selbstverantwortlich korrigieren lassen.

Stationenlaufzettel:
Der Stationenlaufzettel ist so konzipiert, dass die Lehrkraft oder die Schüler die Stationsnummer und den Stationsbereich eintragen können. Die Jugendlichen haken dann auf dem Laufzettel ab, wenn sie eine Station erledigt haben, und setzen nach erfolgreicher Korrektur einen weiteren Haken.

Und nun wünschen Ihnen viel Spaß und Erfolg beim Einsatz der Materialien das Team des Kohl–Verlags und

Sabine Bundle

Stationen–Laufzettel

Name: ______________________ **Datum:** ______________________

⊙ Grundlegendes Niveau

Station	Stationsname	erledigt	korrigiert

! Mittleres Niveau

Station	Stationsname	erledigt	korrigiert

✶ Erweitertes Niveau

Station	Stationsname	erledigt	korrigiert

Theorie

Teil A – Parabeln der Form $y = ax^2$

1. Grundlagen und Eigenschaften einer Parabel

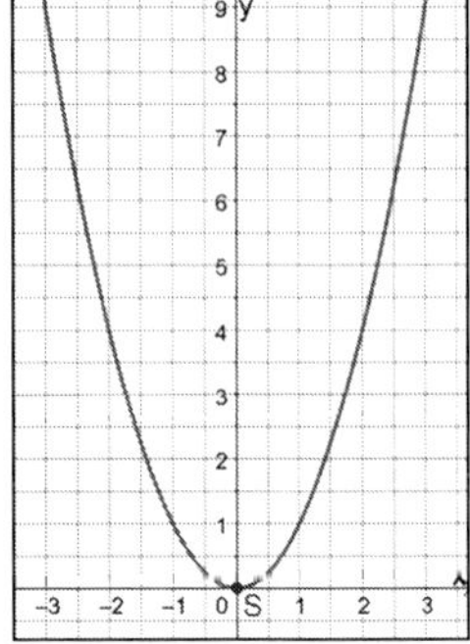

Die Gleichung $y = x^2$; ($x, y \in \mathbb{R}$) beschreibt eine **quadratische Funktion**, deren Graph eine **Normalparabel** darstellt. Eine Normalparabel ist **symmetrisch zur y–Achse**. Der Parabelpunkt, welcher auf der Symmetrieachse liegt, heißt **Scheitelpunkt S**. Bei Parabeln der Form $y = x^2$ liegt der Scheitelpunkt stets bei $S(0|0)$. Es gilt weiterhin $D = \mathbb{R}$ und $W = \mathbb{R}_0^+$.

Gleichungen der Form $y = ax^2$; ($x, y \in \mathbb{R}$; $a \in \mathbb{R}\backslash\{0\}$) beschreiben Parabeln. Der Öffnungs–faktor a gibt folgende Eigenschaften an:

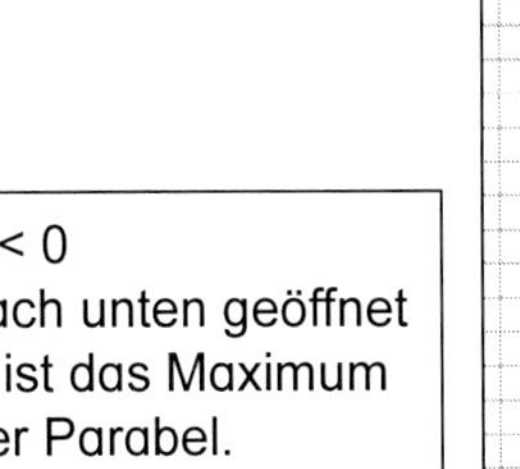

$a < 0$
nach unten geöffnet
S ist das Maximum der Parabel.

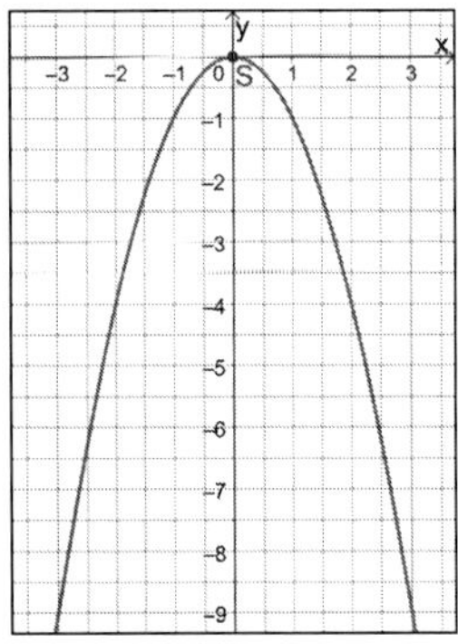

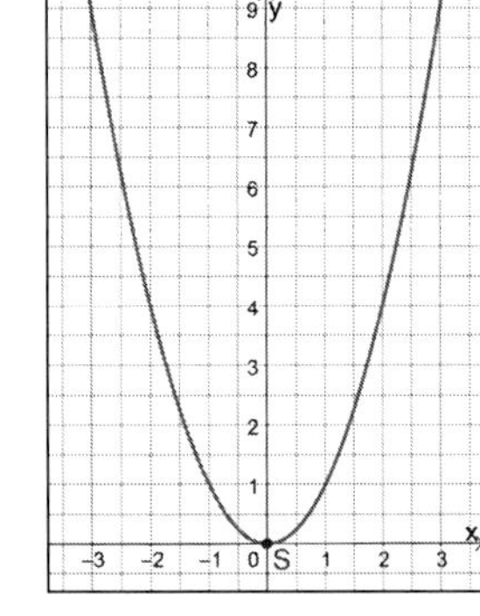

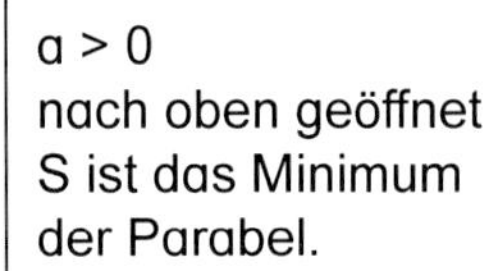

$a > 0$
nach oben geöffnet
S ist das Minimum der Parabel.

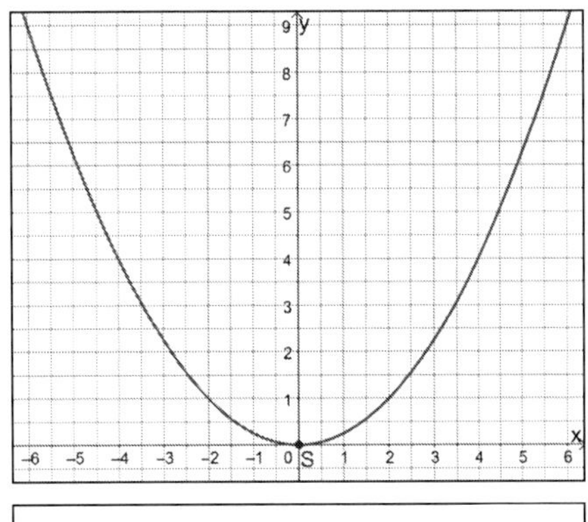

$|a| < 1$ gestauchte Parabel

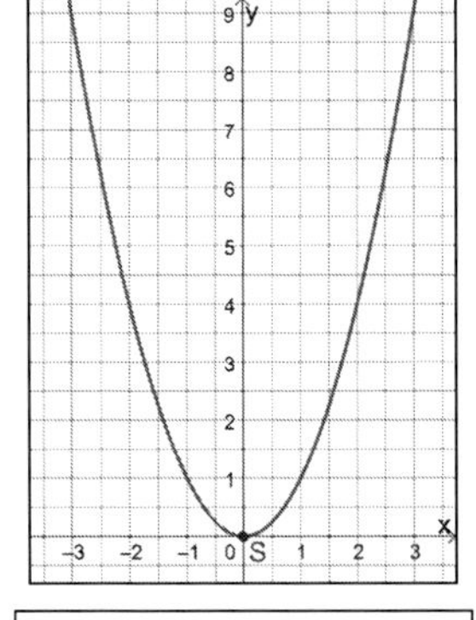

$a = 1$ Normalparabel

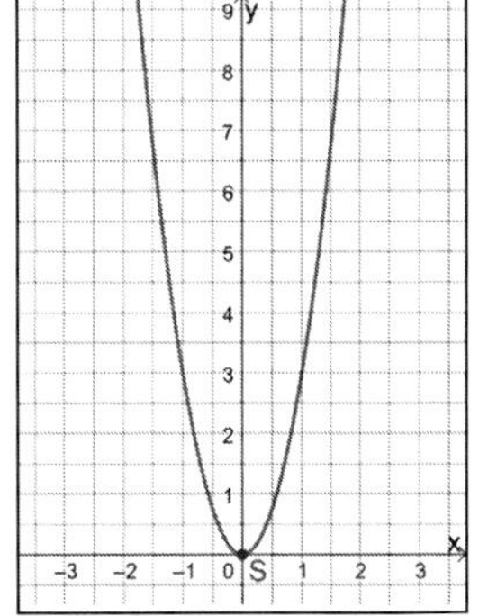

$|a| > 1$ gestreckte Parabel

2. Zeichnen einer Parabel

Bestimme den Scheitelpunkt. → Berechne verschiedene Punktkoordinaten. → Verbinde die Punkte ohne Lineal.

3. Wertetabellen und Punktkoordinaten

Um die Lücken einer Wertetabelle berechnen zu können, setze den gegebenen Wert für x bzw. y in die Funktionsgleichung ein und berechne dann mit Hilfe dieser Gleichung den gesuchten Wert für y bzw. x.

Beispiel:

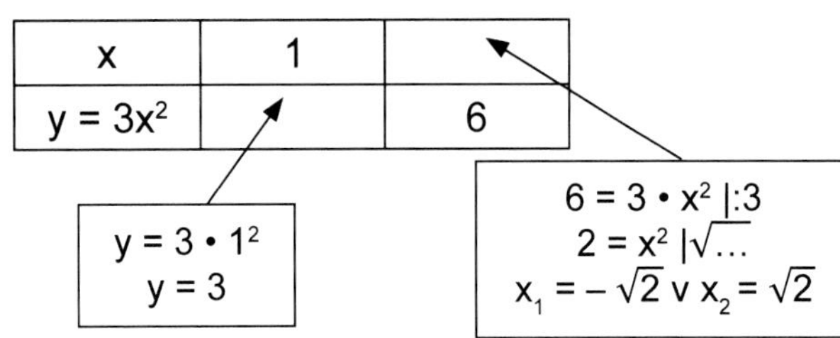

x	1	
$y = 3x^2$		6

$y = 3 \cdot 1^2$
$y = 3$

$6 = 3 \cdot x^2 \; |:3$
$2 = x^2 \; |\sqrt{\ldots}$
$x_1 = -\sqrt{2} \vee x_2 = \sqrt{2}$

Achtung!
Durch das Wurzelziehen entstehen immer 2 Lösungen.

Theorie

Teil B – Parabeln der Form $y = ax^2 + bx + c$

1. Scheitelpunkt berechnen

Mit Hilfe der Formel: **$S\left(-\frac{b}{2a} \mid c - \frac{b^2}{4a}\right)$** lässt sich der Scheitelpunkt einfach berechnen.

Setze dazu die richtigen Zahlen für a, b und c ein.

2. Funktionsgleichung umformen

a) Allgemeine Form in Scheitelpunktform

	1. Berechne den Scheitelpunkt.	2. Lies den Wert für a aus der allgemeinen Form ab.	3. Setze a in die Scheitelpunktform ein: $y = a(x - x_S)^2 + y_S$
Beispiel: $y = 3x^2 + 2x + 1$	$S\left(-\frac{2}{2 \cdot 3} \mid 1 - \frac{2^2}{4 \cdot 3}\right)$ $S\left(-\frac{1}{3} \mid \frac{2}{3}\right)$	$a = 3$	$y = 3\left(x - \left(-\frac{1}{3}\right)\right)^2 + \frac{2}{3}$ p: $y = 3\left(x + \frac{1}{3}\right)^2 + \frac{2}{3}$

b) Scheitelpunktform in allgemeine Form

Man erhält die allgemeine Form, indem man die Scheitelpunktform geschickt umformt.

Beispiel:	$y = 4(x - 3)^2 + 2$	Berechne die binomische Formel
	$y = 4(x^2 - 6x + 9) + 2$	Multipliziere aus und fasse zusammen.
	p: $y = 4x^2 - 24x + 38$	

3. Funktionsgleichung aufstellen

1. Fall: gegeben S und P

Setze die gegebenen Koordinaten in die Scheitelpunktform ein.	Berechne a	Gib die Gleichung an. $y = a(x - x_S)^2 + y_S$	Wandle evtl. in die allgemeine Form um.

2. Fall: gegeben 2 Punkte und 1 Parameter (a, b oder c)

Setze jeden Punkt zusammen mit dem gegebenen Parameter (a,b oder c) in die Form $y = ax^2 + bx + c$ ein. Dadurch entstehen 2 Gleichungen. Diese können nun z. B. mit dem Einsetzungsverfahren gelöst werden.

Beispiel: Gegeben sind die Punkte A (1 | 3), B (3 | 4) und a = 2.

A einsetzen: I: $3 = 2 \cdot 1^2 + b \cdot 1 + c \quad |-2-b$

I: $-b + 1 = c$

B einsetzen: II: $4 = 2 \cdot 3^2 + b \cdot 3 + c$

I in II: $4 = 18 + 3b - b + 1 \quad |-19$

$-15 = 2b \quad |:2$

$b = -7{,}5$

b in I: $-(-7{,}5) + 1 = c$

a, b und c in allgemeine Form einsetzen: p: $y = 2x^2 - 7{,}5x + 8{,}5$

Stationenlernen Quadratische Funktionen – Bestell-Nr. 12 926
KOHL VERLAG

Theorie

Teil C – Allgemeine Parabeln

1. Schnittpunkte berechnen

Schnittpunkt(e) mit …	der y–Achse	der x–Achse	einer Geraden g	einer Parabel q
Vorgehensweise	Setze x = 0 in die Funktions–gleichung ein.	Setze y = 0 in die Funktions–gleichung ein und löse sie mit der Lösungsformel	g = p Löse die Gleichung nach 0 auf und löse sie mit der Lösungsformel.	q = p Löse die Gleichung nach 0 auf und löse sie mit der Lösungsformel.

2. Tangente berechnen

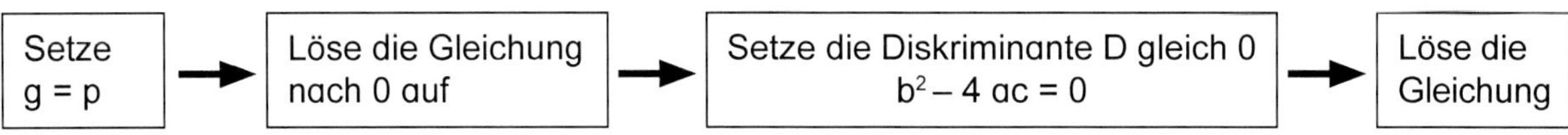

Setze g = p → Löse die Gleichung nach 0 auf → Setze die Diskriminante D gleich 0 $b^2 - 4ac = 0$ → Löse die Gleichung

3. Verschiebung einer Parabel um einen Vektor $\vec{v}$

1. Berechne den Scheitelpunkt S der Parabel p.	2. Verschiebe den Scheitelpunkt S um den Vektor $\vec{v}$ auf S‘	3. Setze S‘ mit a von p in die Scheitelpunktform ein.
Beispiel: $y = 3x^2 + 2x + 1$; $\vec{v} = \begin{pmatrix} 2 \\ -5 \end{pmatrix}$		
$S\left(-\frac{2}{2 \cdot 3} \mid 1 - \frac{2^2}{4 \cdot 3}\right)$ $S\left(-\frac{1}{3} \mid \frac{2}{3}\right)$	$S'\left(-\frac{1}{3} + 2 \mid \frac{2}{3} - 5\right)$ $S'\left(\frac{5}{3} \mid -\frac{13}{3}\right)$	p‘ $y = 3\left(x - \frac{5}{3}\right)^2 - \frac{13}{3}$

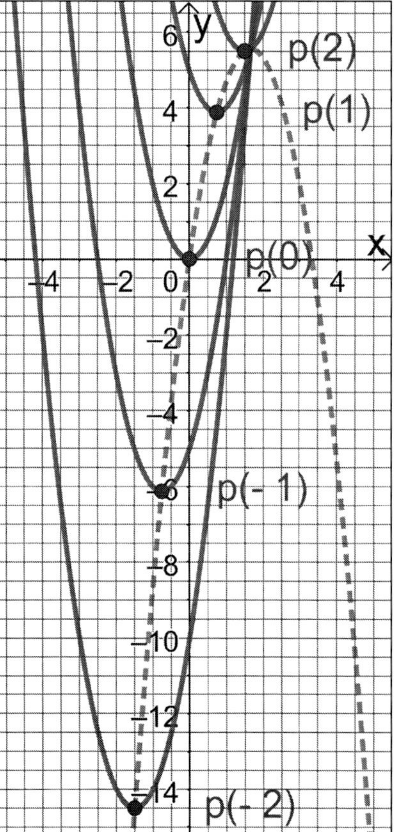

4. Parabelschar

Bei einer Parabelschar enthält die Funktionsgleichung der Parabel einen Parameter. Dadurch entstehen unendlich viele Parabeln.

Beispiel: p(u): $y = 2x^2 - 3ux + 5u$

Um alle Scheitelpunkte der Parabelschar zu berechnen, setze in die Scheitelpunktformel ein.

p(0): $y = 2x^2$

p(– 1): $y = 2x^2 + 3x - 5$

p(1): $y = 2x^2 - 3x + 5$

p(– 2): $y = 2x^2 + 6x - 10$

p(2): $y = 2x^2 - 6x + 10$

$S\left(-\frac{-3u}{2 \cdot 2} \mid 5u - \frac{(-3u)^2}{4 \cdot 2}\right) = S(0{,}75u \mid 5u - 1{,}125u^2)$

In diesem Fall liegen alle Scheitelpunkte auf einer eigenen Parabel.

Theorie

Teil E, F – Geometrie und funktionale Abhängigkeiten

1. Funktionale Abhängigkeiten

Bei funktionalen Abhängigkeiten liegt bzw. liegen ein oder mehrere Punkte auf einer Funktion und sind daher variabel. Sie bilden zusammen mit anderen Punkten geometrische Formen, wie Dreiecke, Drachenvierecke …

Hier kommen Tipps zur Bearbeitung solcher Aufgaben:

- Achte auf den Umlaufsinn der Figuren. Immer gegen den Uhrzeigersinn!
- Schnittpunkte von Funktionen markieren oft den Anfang und das Ende von möglichen x–Werten.
- Nutze die Besonderheiten von den verschiedenen geometrischen Formen (z. B. Drachenvierecke sind achsensymmetrisch, Rauten haben 4 gleich lange Seiten …), um verschiedene Aufgaben zu lösen.

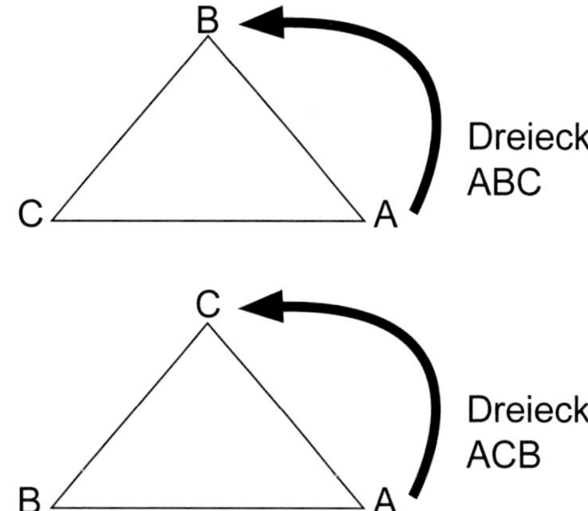

2. Flächeninhalt in Abhängigkeit von x

a) Flächeninhaltsformel

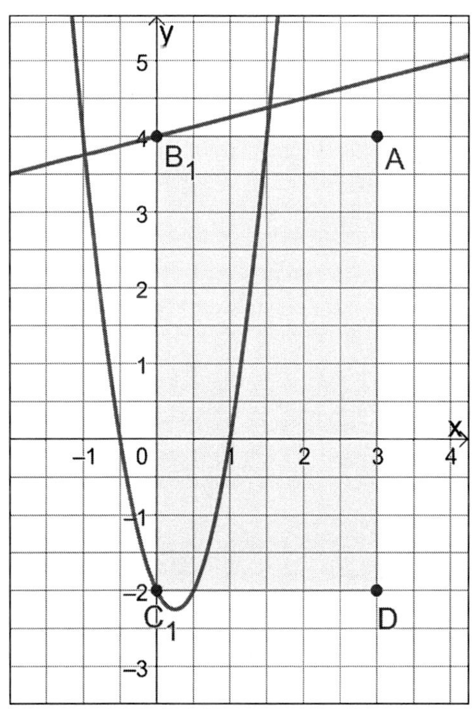

Beispielaufgabe:

p: $y = 4x^2 - 2x - 2$; g: $y = 0{,}25x + 4$;

$A(3|4)$; $B_1\,(0|4)$; $C_1\,(0|-2)$; $D(3|-2)$

Die Punkte B_n liegen auf der Geraden g, die Punkte C_n auf der Parabel p und bilden zusammen mit den Punkten A und D Rechtecke AB_nC_nD. Dabei gilt stets: B_n und C_n haben dieselbe Abszisse x und $|\overline{B_nC_n}| = 2 \cdot |\overline{C_nD}|$.

Berechne den Flächeninhalt der Rechtecke AB_nC_nD in Abhängigkeit von x.

Lösung:

$A(x) = |\overline{B_nC_n}| \cdot |\overline{C_nD})|$

$\overline{B_nC_n}$ ist parallel zu y–Achse, daher gilt: $|B_nC_n| = y_B - y_C$ („groß minus klein“).

$|\overline{B_nC_n}| = 0{,}25x + 4 - (4x^2 - 2x - 2)$ $\qquad |\overline{C_nD}| = 0{,}5 \cdot |\overline{B_nC_n}|$

$|\overline{B_nC_n}| = -4x^2 + 2{,}25x + 6$

$A(x) = (-4x^2 + 2{,}25x + 6) \cdot [0{,}5\,(-4x^2 + 2{,}25x + 6)]$

Stationenlernen Quadratische Funktionen – Bestell-Nr. 12 926

Theorie

Teil E, F – Geometrie und funktionale Abhängigkeiten

2. Flächeninhalt in Abhängigkeit von x

b) Flächeninhaltsberechnung mit Vektoren

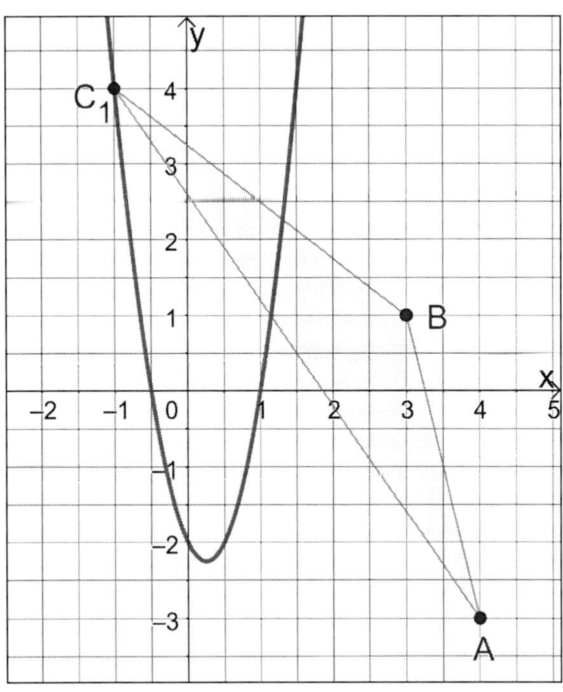

Beispielaufgabe:

p: $y = 4x^2 - 2x - 2$;

$A(4\,|\,-3)$; $B(3\,|\,1)$; $C_1\,(-1\,|\,4)$

Die Punkte C_n liegen auf der Parabel p und bilden zusammen mit den Punkte A und B Dreiecke ABC_n.

Berechne den Flächeninhalt der Dreiecke ABC_n in Abhängigkeit von x.

Lösung: Berechne mit Hilfe der Determinante:

$$\overrightarrow{AB} = \begin{pmatrix} -1 \\ 4 \end{pmatrix} \quad \overrightarrow{AC_n} = \begin{pmatrix} x-4 \\ 4x^2 - 2x - 2 - (-3) \end{pmatrix} = \begin{pmatrix} x-4 \\ 4x^2 - 2x + 1 \end{pmatrix}$$

Wichtig: Beide Vektoren brauchen den gleichen Fußpunkt.

$$A(x) = 0{,}5 \begin{vmatrix} -1 & x-4 \\ 4 & 4x^2 - 2x + 1 \end{vmatrix}$$

Wichtig: Der erste Vektor in der Determinante ist derjenige, welcher gegen den Uhrzeigersinn gedreht über die Fläche streicht.

$$A(x) = 0{,}5\,[(-1) \cdot (4x^2 - 2x + 1) - 4 \cdot (x - 4)]$$

Wichtig: Den Faktor 0,5 benötigt man, falls man den Flächeninhalt eines Dreiecks berechnen möchte. Bei einem Parallelogramm entfällt dieser Faktor.

3. Länge einer Strecke berechnen

Strecke ist …	… parallel zur x–Achse	… parallel zur y–Achse	weder noch
Formel	$x_{groß} - x_{klein}$	$y_{groß} - y_{klein}$	$\sqrt{(x_A - x_B)^2 + (y_A - y_B)^2}$

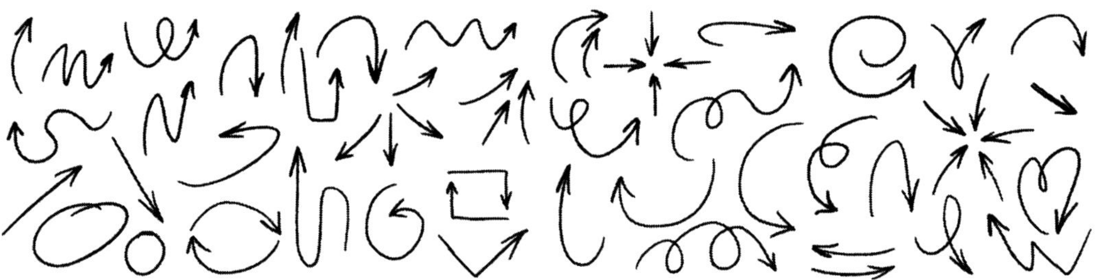

A1

Grundlagen Parabeln der Form $y = ax^2$

1. Zeichne die folgenden Normalparabeln in dein Heft:

a) $y = x^2$ b) $y = 2x^2$

2. Ergänze die Lücken in der Wertetabelle.

X	– 4	– 3	– 2	–1	0	1	2
$y = 0{,}5x^2$							

3. Hat die angegebene Parabel ein Maximum oder Minimum? Kreuze an.

a) $y = -1{,}75x^2$

	Max
	Min

b) $y = 0{,}001x^2$

	Max
	Min

c) $y = -99x^2$

	Max
	Min

A2

Grundlagen Parabeln der Form $y = ax^2$

1. Gib die Funktionsgleichungen der gegebenen Parabeln an.

a)

b)

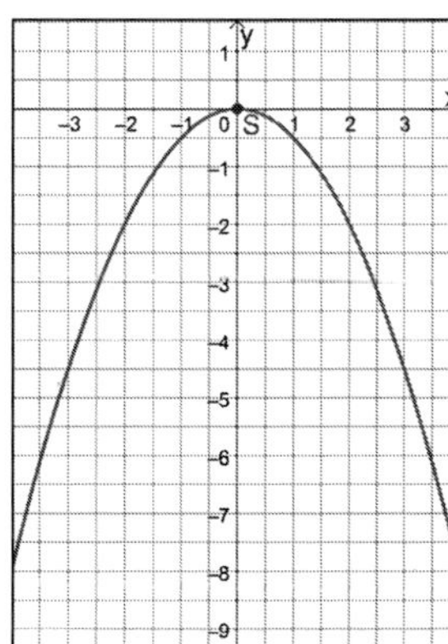

2. Berechne die fehlende Punkt–koordinate von Q. Es gilt Q ϵ p.

a) $Q(-2 \mid y_Q)$; p: $y = -1{,}25x^2$

b) $Q(x_Q \mid 4)$; p: $y = 9x^2$

3. Ergänze die Tabelle mit Parabeleigenschaften, dabei steht D für Definitionsmenge und W für Wertemenge.

Gleichung	nach oben oder unten geöffnet	Max/Min	Scheitel–punkt	D	W	Symmetrie–achse
$y = 2{,}5x^2$						
$y = -4x^2$						

Lösung

A1

Grundlagen Parabeln der Form $y = ax^2$

1. a) $y = x^2$

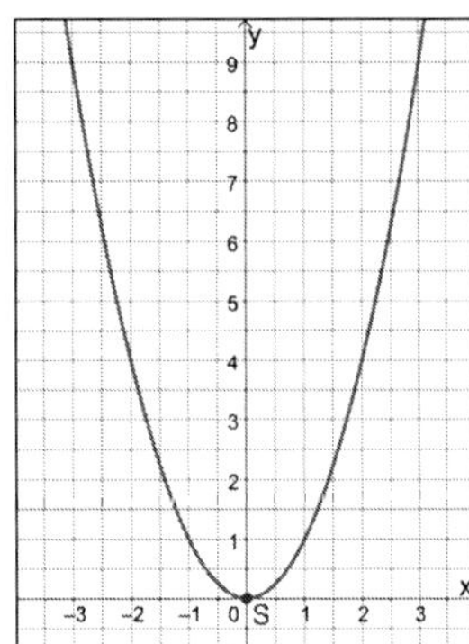

b) $y = 2x^2$

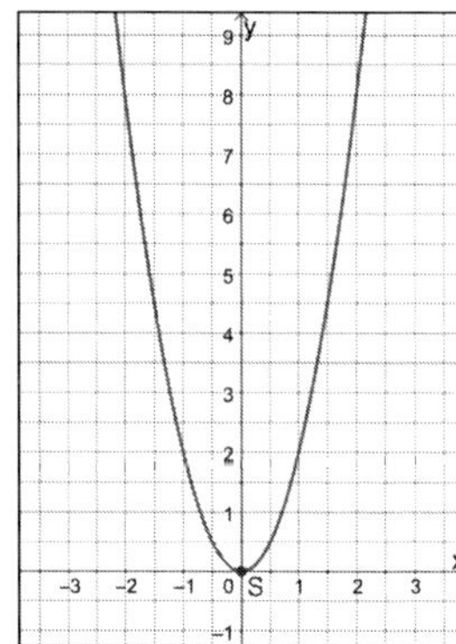

2.

X	– 4	– 3	– 2	–1	0	1	2
$y = 0{,}5x^2$	8	4,5	2	0,5	0	0,5	1

3. a) $y = -1{,}75x^2$

X	Max
	Min

b) $y = 0{,}001x^2$

	Max
X	Min

c) $y = -99x^2$

X	Max
	Min

Lösung

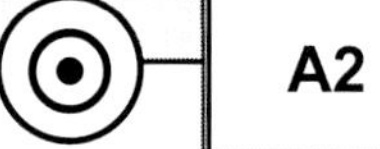

A2

Grundlagen Parabeln der Form $y = ax^2$

1. a) $y = 4x^2$ b) $y = -0{,}5x^2$

2. a) $y_Q = -1{,}25 \cdot (-2)^2$

$y_Q = -5$

$Q(-2 \mid -5)$

b) $4 = 9 \cdot x_Q^{\ 2}$ |:9

$x_Q^{\ 2} = \frac{4}{9}$ |√

$x_Q = \pm \frac{2}{3}$

2 Möglichkeiten: $Q_1 \left(-\frac{2}{3} \mid 4\right)$ und $Q_2 \left(\frac{2}{3} \mid 4\right)$

3.

Gleichung	nach oben oder unten geöffnet	Max/Min	Scheitel–punkt	D	W	Symmetrie–achse
$y = 2{,}5x^2$	oben	Min	$S(0 \mid 0)$	$D = \mathbb{R}$	$W = \{y \mid y \geq 0\}$	$x = 0$
$y = -4x^2$	unten	Max	$S(0 \mid 0)$	$D = \mathbb{R}$	$W = \{y \mid y \leq 0\}$	$x = 0$

A3

Grundlagen Parabeln der Form $y = ax^2$

1. Ergänze die Lücken in der Wertetabelle.

X	– 9	– 6,5	– 3	2	6	7	36
$y = \frac{1}{6}x^2$							

2. Zeichne die folgenden Normalparabeln in dein Heft:

a) $y = 2{,}5x^2$ b) $P(-2 \mid 3)$; es gilt $P \in p$.

3. Kreuze alle quadratischen Funktionen an.

☐ $y = -3x$

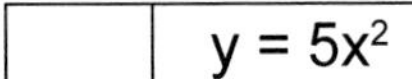

☐ $y = 5x^2$

☐ 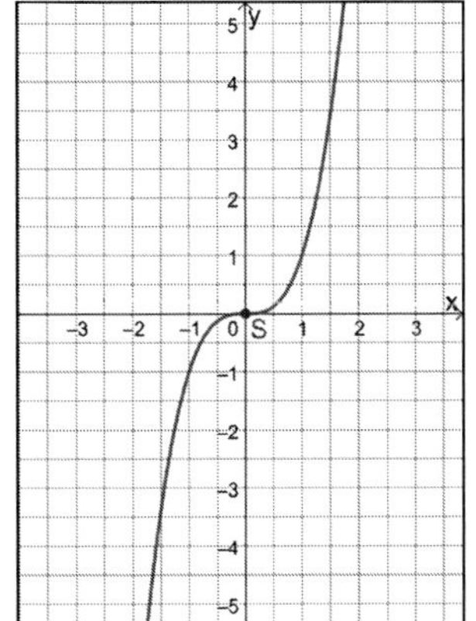

☐ 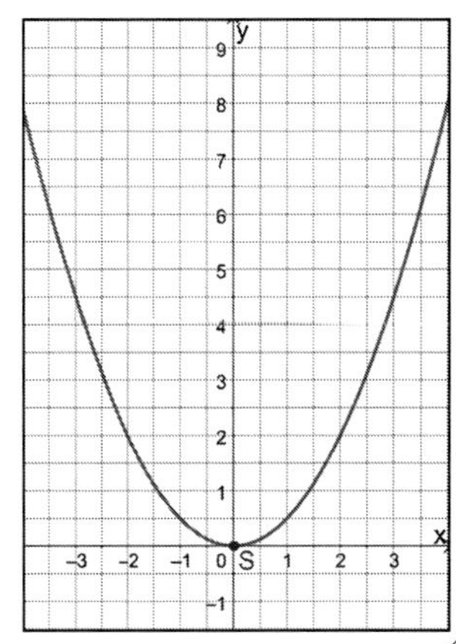

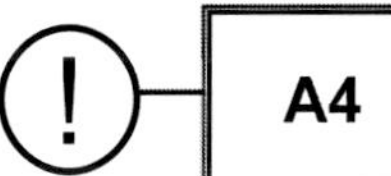

A4

Grundlagen Parabeln der Form $y = ax^2$

1. Berechne die fehlende Punktkoordinate von Q. Es gilt $Q \in p$.

a) $Q(1{,}5 \mid y_Q)$; p: $y = 3x^2$

b) $Q(x_Q \mid -3)$; p: $y = 7{,}9x^2$

2. Verbinde die Funktionsgleichung mit der zugehörigen Wertetabelle und/oder dem zugehörigen Graph.

$y = -0{,}25x^2$

$y = 0{,}5x^2$

$y = 2x^2$

– 1	0	1	2
2	0	2	8

– 1	0	1	2
– 0,25	0	– 0,25	– 1

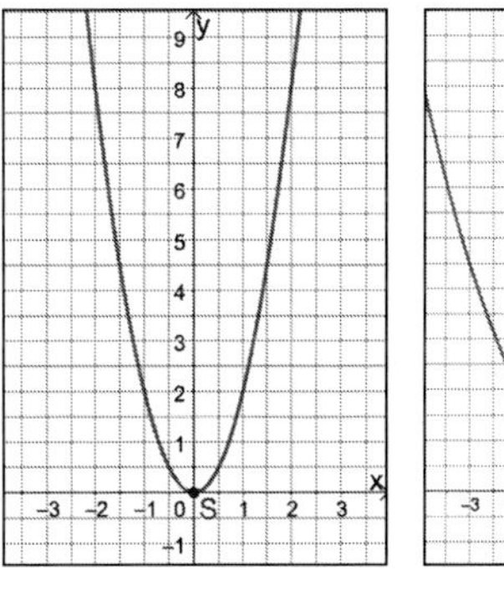

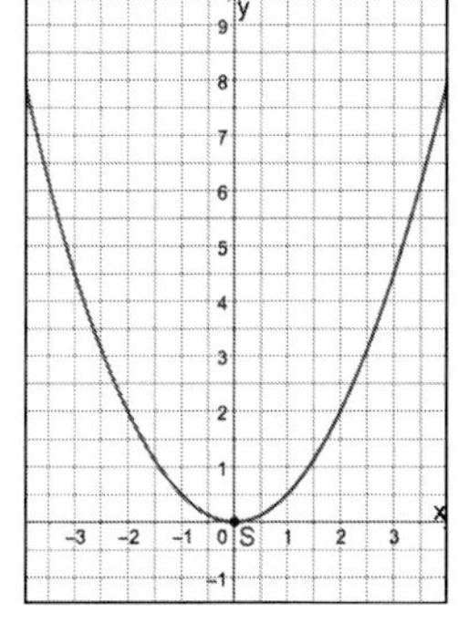

3. Ergänze die Tabelle mit Parabeleigenschaften, dabei steht D für Definitionsmenge und W für Wertemenge.

Gleichung	nach oben oder unten geöffnet	Max/Min	Scheitel–punkt	D	W	Symmetrie–achse
$y = 33x^2$						
$y = -101{,}21x^2$						

Stationenlernen Quadratische Funktionen – Bestell-Nr. 12 926
KOHL VERLAG

Lösung

A3

Grundlagen Parabeln der Form $y = ax^2$

1.

X	– 9	– 6,5	– 3	2	6	7	36
$y = \frac{1}{6}x^2$	13,5	$\frac{169}{24}$	1,5	$\frac{2}{3}$	6	$\frac{49}{6}$	216

2. a)

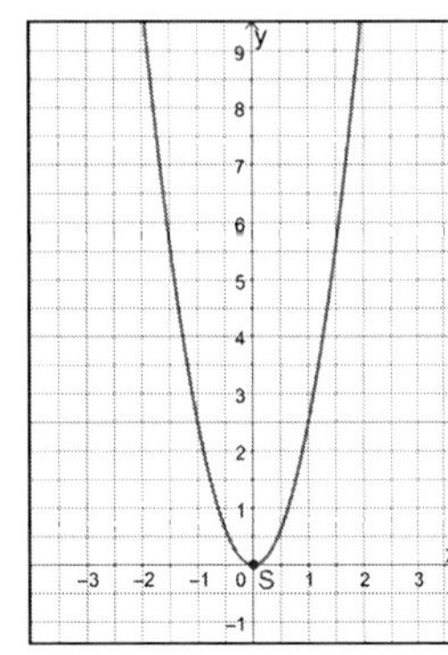

b)

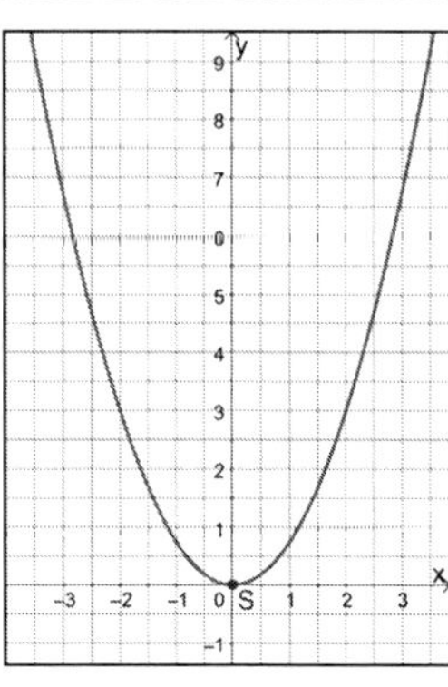

3.

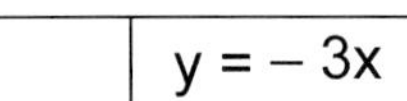

	$y = -3x$
X	$y = 5x^2$

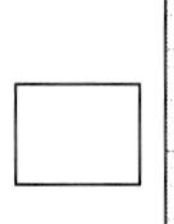

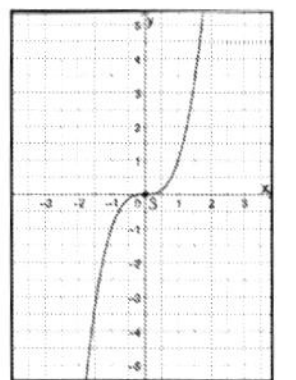

X

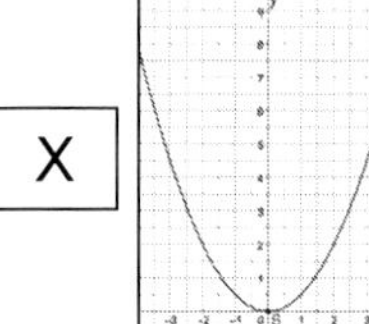

Lösung

A4

Grundlagen Parabeln der Form $y = ax^2$

1. a) $y_Q = 3 \cdot 1{,}5^2$

$y_Q = 6{,}75$

Q (1,5|6,75)

b) $-3 = 7{,}9 \cdot x_Q$ |: 7,9

$-\frac{30}{79} = x_Q^2$ |√

Nicht lösbar, es existiert kein Punkt Q mit y = – 3

2.

$y = -0{,}25x^2$

$y = 0{,}5x^2$

$y = 2x^2$

– 1	0	1	2
2	0	2	8

– 1	0	1	2
– 0,25	0	– 0,25	– 1

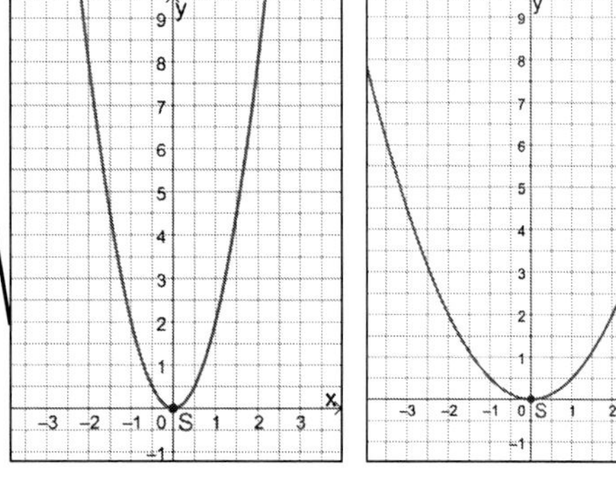

3.

Gleichung	nach oben oder unten geöffnet	Max/Min	Scheitel–punkt	D	W	Symmetrie–achse
$y = 33x^2$	oben	Min	S (0 | 0)	D = ℝ	W = {y|y ≥ 0}	x = 0
$y = -101{,}21x^2$	unten	Max	S (0 | 0)	D = ℝ	W = {y|y ≤ 0}	x = 0

A5

Grundlagen Parabeln der Form $y = ax^2$

1. Ergänze die Lücken in der Wertetabelle.

X	– 4	– 2	0	1	3	6	7
				2,5			

2. Zeichne folgende Normalparabeln in ein Koordinatensystem in deinem Heft ein.

a) Eine nach unten geöffnete Normalparabel, bei der der Punkt P(–2 | –3) im Inneren der Parabel liegt.

b) a = 2

3. Beschreiben die folgenden Sachzusammenhänge eine nach oben oder eine nach unten geöffnete Parabel? Kreuze an.

Sachzusammenhang	oben	unten
Ein Brunnen spritzt einen Wasserstrahl in Form einer Normalparabel.		
Eine Ballkanone schießt einen Tennisball mit der Flugbahn einer Parabel.		
In der Mitte einer Wäscheleine wird ein Gewicht befestigt, dadurch biegt sich die Leine in Parabelform.		

A6

Grundlagen Parabeln der Form $y = ax^2$

1. Ergänze die Lücken in der Wertetabelle.

x	– 5	– 1	– 0,5	2	2,5	4	8
				– 6			

2. Kreuze alle Punkte in der Tabelle an, die auf der Parabel liegen.

y	A (0 | 0)	B (– 2 | 1)	C (5 | 9)	D (– 4 | 2)	E (4 | 5,76)
$y = 0{,}36x^2$					
$y = 0{,}25x^2$					

3. Verbinde die Parabelgleichungen mit den richtigen Eigenschaften.

Maximum

Minimum

$y = -0{,}5x^2$

$y = 5x^2$

$y = -x^2$

$y = -98x^2$

$y = 0{,}012x^2$

gestaucht

Normalparabel

gestreckt

KOHL VERLAG Stationenlernen Quadratische Funktionen – Bestell-Nr. 12 926

Lösung

A5

Grundlagen Parabeln der Form $y = ax^2$

1.

X	– 4	– 2	0	1	3	6	7
$y = 2{,}5x^2$	40	10	0	2,5	22,5	90	122,5

2. a)

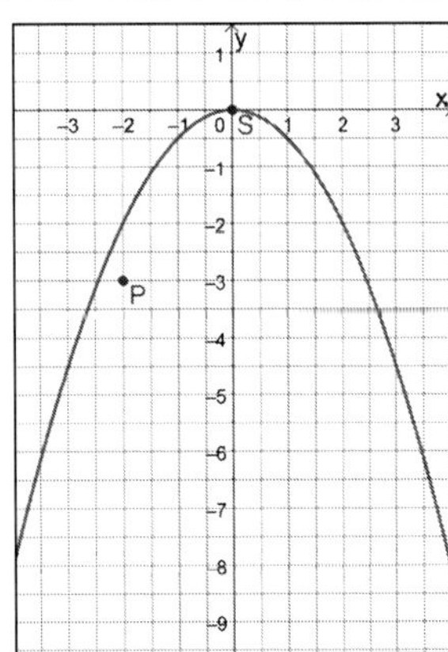

b)

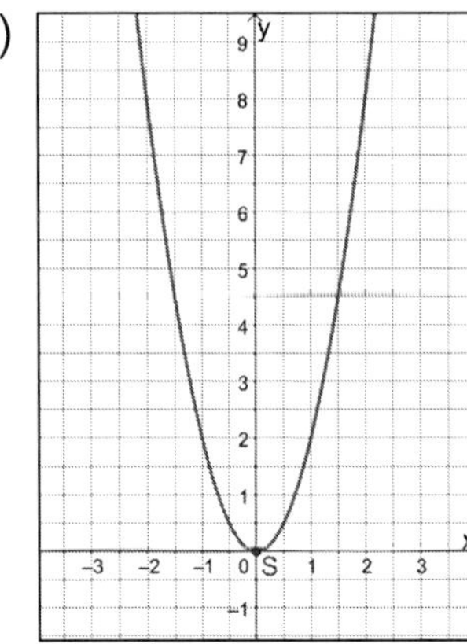

z. B. $y = -0{,}5x^2$
Es gibt unendlich viele richtige Lösungen.

3.

Sachzusammenhang	oben	unten
Ein Brunnen spritzt einen Wasserstrahl in Form einer Normalparabel.		X
Eine Ballkanone schießt einen Tennisball mit der Flugbahn einer Parabel.		X
In der Mitte einer Wäscheleine wird ein Gewicht befestigt, dadurch biegt sich die Leine in Parabelform.	X	

Lösung

A6

Grundlagen Parabeln der Form $y = ax^2$

1. Ergänze die Lücken in der Wertetabelle.

x	– 5	– 1	– 0,5	2	2,5	4	8
$y = -1{,}5x^2$	– 37,5	– 1,5	– 0,375	– 6	– 9,375	– 24	– 96

2. Kreuze alle Punkte in der Tabelle an, die auf der Parabel liegen.

y	A (0 | 0)	B (– 2 | 1)	C (5 | 9)	D (– 4 | 2)	E (4 | 5,76)
$y = 0{,}36x^2$	X		X		X
$y = 0{,}25x^2$	X	X			

3. Verbinde die Parabelgleichungen mit den richtigen Eigenschaften.

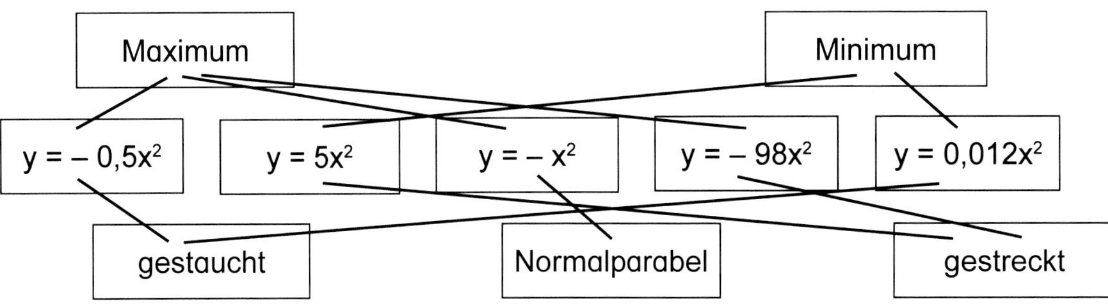

B1

Grundlagen Parabeln der Form $y = ax^2 + bx + c$

1. *Zeichne die folgenden Parabeln in dein Heft.*

   a) $y = 3x^2 - 2x + 4$ b) $y = -1{,}5x^2 + 2{,}5x - 0{,}5$

2. *Stelle die Funktionsgleichung der Parabel auf.*

   $S(2|4)$; $P(-1|6)$; $P \in p$

3. *Überprüfe, ob die Punkte P und Q auf der Parabel p mit $y = -\frac{2}{5}x^2 + x$ liegen.*

   a) $P(10|2{,}5)$ b) $Q(-3|-\frac{33}{5})$

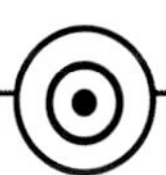

B2

Grundlagen Parabeln der Form $y = ax^2 + bx + c$

1. *Berechne den Scheitelpunkt der Parabel p:*

   $y = 7x^2 - 9x + 1$.

2. *Wandle die Funktionsgleichung von der Scheitelform in die allgemeine Form um.*

   $y = 2(x - 5)^2 + 1$

3. *Stelle die Funktionsgleichung der Parabel p auf.*

   $c = -6$; $P(3|-6) \in p$; $Q(1|2) \in p$

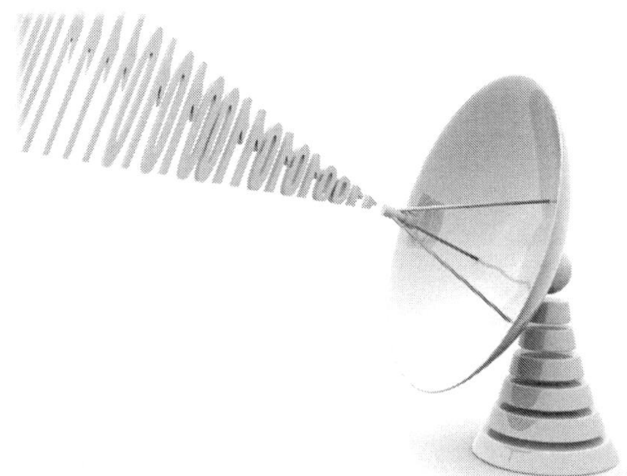

KOHL VERLAG Stationenlernen Quadratische Funktionen – Bestell-Nr. 12 926

Lösung

B1

Grundlagen Parabeln der Form $y = ax^2 + bx + c$

1. a)

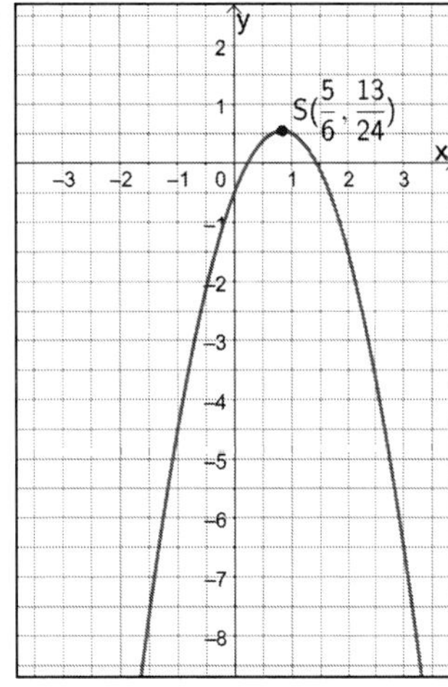

b)

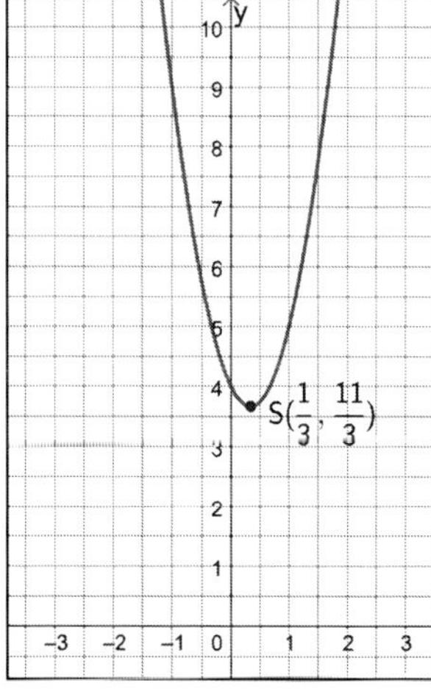

2. $6 = a\,(-1-2)^2 + 4$

$6 = 9a + 4 \quad |-4$

$2 = 9a \quad |:9$

$a = \frac{2}{9}$

$p\colon y = \frac{2}{9}(x-2)^2 + 4$

3. a) $2{,}5 = -\frac{2}{5} \cdot 10^2 + 10$

$2{,}5 \neq -30$

$P \notin p$

b) $-\frac{33}{5} = -\frac{2}{5} \cdot (-3)^2 - 3$

$-\frac{33}{5} = -\frac{33}{5}$

$Q \in p$

Lösung

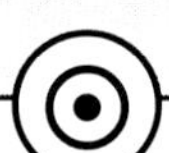

B2

Grundlagen Parabeln der Form $y = ax^2 + bx + c$

1. $S\left(-\frac{9}{2 \cdot 7} \;\middle|\; 1 - \frac{(-9)^2}{4 \cdot 7}\right) \qquad S\left(\frac{9}{14} \;\middle|\; -\frac{53}{28}\right)$

2. $y = 2(x^2 - 10x + 25) + 1$

$y = 2x^2 - 20x + 51$

3. I: $-6 = 9a + 3b - 6$

II: $2 = a + b - 6 \quad |+6-b$

II: $8 - b = a$

II in I: $-6 = 9(8-b) + 3b - 6$

$-6 = 72 - 9b + 3b - 6 \quad |-66$

$-72 = -6b \quad |:(-6)$

$b = 12$

in II: $8 - 12 = a$

$a = -4$

$p\colon y = -4x^2 + 12x - 6$

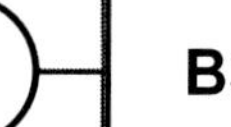 B3

Grundlagen Parabeln der Form $y = ax^2 + bx + c$

1. *Fülle die Tabelle aus. (D steht für die Definitionsmenge, W für die Wertemenge)*

$y = ax^2 + bx + c$	nach oben oder unten geöffnet	Max/Min	Scheitel–punkt	D	W	Symmetrie–achse
$y = -3x^2 + 5x + 4$						
$y = 0{,}2x^2 - 3$						

2. *Wandle die Funktionsgleichung von der allgemeinen Form in die Scheitelform um.*

   p: $y = 0{,}5x^2 - 3x - 12$

3. *Stelle die Funktionsgleichung der nach oben geöffneten Normalparabel, die durch die Punkte $P(-3 \mid -5)$ und $Q(0 \mid 2{,}5)$ verläuft, auf.*

 B4

Grundlagen Parabeln der Form $y = ax^2 + bx + c$

1. *Zeichne die folgenden Parabeln in ein Koordinatensystem ein.*

   a) $y = 1{,}5x^2 - x - 2{,}5$ b) $y = -(x - 2)^2 + 2$

2. *Stelle die Funktionsgleichung der Parabel p auf. Es gilt:*

   $b = 4$; $P(2 \mid 8) \in p$; $Q(-1 \mid 5) \in p$

3. *Wandle die Funktionsgleichung von der Scheitelform in die allgemeine Form um.*

   $y = -2(x + 6)^2 - 10$

KOHL VERLAG Stationenlernen Quadratische Funktionen – Bestell-Nr. 12 926

Lösung

B3

Grundlagen Parabeln der Form $y = ax^2 + bx + c$

1.

$y = ax^2 + bx + c$	nach oben oder unten geöffnet	Max/Min	Scheitelpunkt	D	W	Symmetrieachse
$y = -3x^2 + 5x + 4$	unten	Max	$S(\frac{5}{6} \mid \frac{73}{12})$	$D = \mathbb{R}$	$W = \{y \mid y \leq \frac{73}{12}\}$	$x = \frac{5}{6}$
$y = 0{,}2x^2 - 3$	oben	Min	$S(0 \mid -3)$	$D = \mathbb{R}$	$W = \{y \mid y \geq -3\}$	$x = 0$

2. $y = 0{,}5(x^2 - 6x - 24)$

$y = 0{,}5[x^2 - 6x + 3^2 - 3^2 - 24]$

$y = 0{,}5[(x - 3)^2 - 33]$

$y = 0{,}5(x - 3)^2 - 16{,}5$

3. P(− 3 | − 5) und Q(0 | 2,5) verläuft, auf.

I: $-5 = 1 \cdot 9 - 3b + c$ II: $2{,}5 = c$

II in I: $-5 = 9 - 3b + 2{,}5 \quad |-11{,}5$

$-16{,}5 = -3b \quad |:(-3)$ $b = \frac{11}{2}$ p: $y = x^2 + 5{,}5x + 2{,}5$

Lösung

B4

Grundlagen Parabeln der Form $y = ax^2 + bx + c$

1. a)

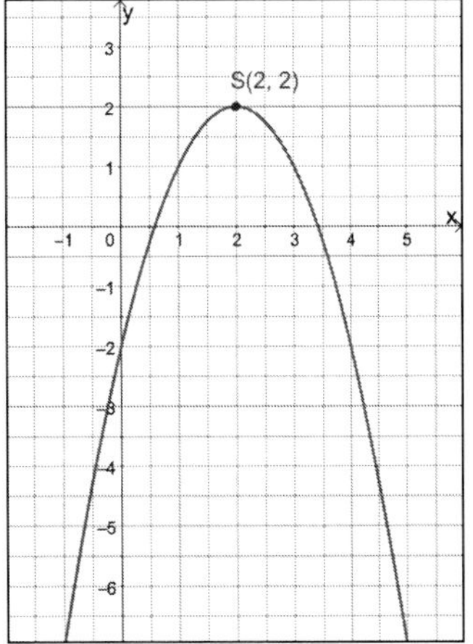

b)

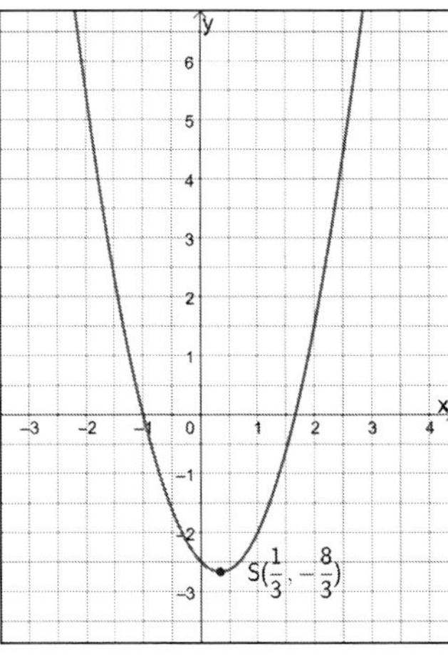

2. I: $8 = 4a + 8 + c \quad |-4a - 8$ II: $5 = a - 4 + c$

I: $-4a = c$

I in II: $5 = a - 4 - 4a \quad |+4$

$9 = -3a \quad |:(-3)$ a in I: $-4 \cdot (-3) = c$

$a = -3$ $c = 12$ p: $y = -3x^2 + 4x + 12$

3. $y = -2(x^2 + 12x + 36) - 10$

$y = -2x^2 - 24x - 82$

B5

Grundlagen Parabeln der Form $y = ax^2 + bx + c$

1. *Gib die Funktionsgleichung der hier abgebildeten Parabel sowohl in Scheitelform als auch in allgemeiner Form an.*

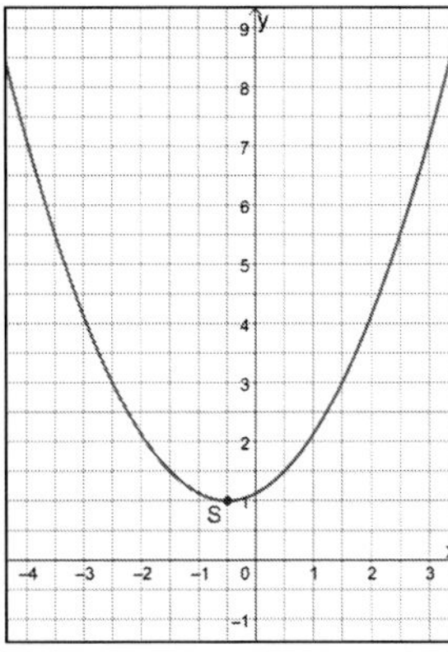

2. *Stelle die Funktionsgleichung der Parabel auf. Es gilt:*

   $P(1 | 2) \in p$; $Q(-2 | 3) \in p$; $R(3 | 5) \in p$

   (Achtung: sehr schwere Aufgabe)

3. *Gib die Funktionsgleichung einer Parabel in Scheitelform an, welche die Eigenschaften aus der Tabelle besitzt.*

$y = a(x - x_S)^2 + y_S$	nach oben oder unten geöffnet	Max/Min	Scheitelpunkt	D	W	Symmetrieachse
	oben	Min	$S(-5 | -31)$	$D = \mathbb{R}$	$W = \{y | y \geq -31\}$	$x = -5$

B6

Grundlagen Parabeln der Form $y = ax^2 + bx + c$

1. *Die Firma Surfin' World möchte ein neues Logo gestalten. Das Logo soll eine Welle darstellen. Ergänze das halbfertige Logo und gib die Funktionsgleichung der ergänzten Parabel an.*

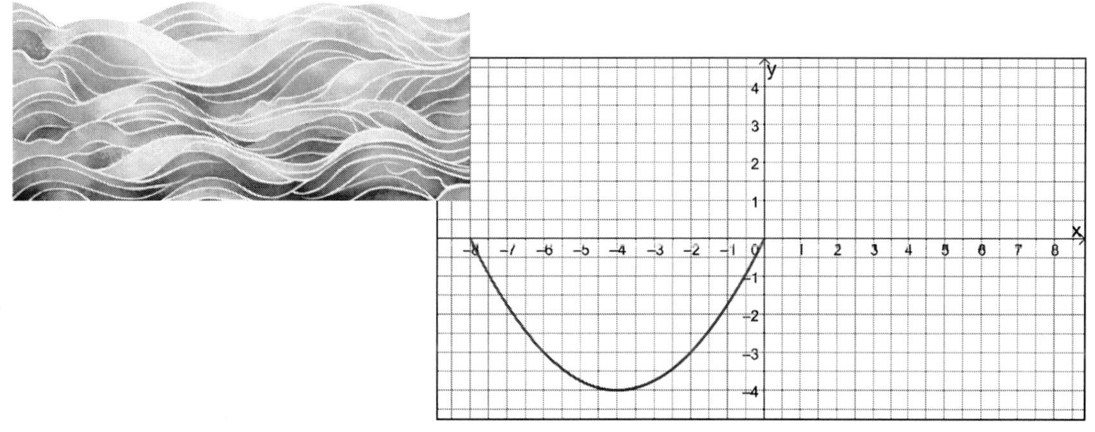

2. *Gegeben ist die Parabel p: $y = ax^2 + 4{,}5$.*

   a) Gib die y-Koordinate von P in Abhängigkeit von a an. Es gilt: $P(-2 | y)$.

   b) Für welche Werte von a besitzt y eine positive y-Koordinate?

Stationenlernen Quadratische Funktionen – Bestell-Nr. 12 926

Lösung

B5

Grundlagen Parabeln der Form $y = ax^2 + bx + c$

1. Scheitelform: $y = 0{,}5(x + 0{,}5)^2 + 1$

   Allgemeine Form: $y = 0{,}5(x^2 + x + 0{,}25) + 1$

   $y = 0{,}5x^2 + 0{,}5x + 1{,}125$

2. I: $2 = a + b + c \mid -a - c$ II: $3 = 4a - 2b + c \mid -4a + 2b$ III: $5 = 9a + 3b + c$

   I: $2 - a - c = b$ II: $3 - 4a + 2b = c$

   I und II in III: $5 = 9a + 3(2 - a - c) + 3 - 4a + 2(2 - a - c)$

   $5 = 9a + 6 - 3a - 3c + 3 - 4a + 4 - 2a - 2c$

   5 = 5c ı 13 | 13

   $-8 = -5c \quad \mid :(-5)$ **$c = 1{,}6$**

   c in I: $2 - a - 1{,}6 = b$

   $0{,}4 - a = b$

   b,c in II: $3 - 4a + 2(0{,}4 - a) = 1{,}6$

   $3 - 4a + 0{,}8 - 2a = 1{,}6$

   $-6a + 3{,}8 = 1{,}6 \mid -3{,}8$

   $-6a = -2{,}2 \mid :(-6)$ **$a = \frac{11}{30}$**

   a in I: $2 - \frac{11}{30} - 1{,}6 = b$

   $\frac{60}{30} - \frac{11}{30} - \frac{16}{10} = b$ **$b = \frac{1}{30}$** p: $y = \frac{11}{30}x^2 + \frac{1}{30}x + 1{,}6$

3. z. B. p: $y = 3(x + 5)^2 - 31$ (Anstatt der 3 ist auch jedes andere positive a möglich.)

Lösung

B6

Grundlagen Parabeln der Form $y = ax^2 + bx + c$

1. p: $y = 0{,}25(x + 4)^2 - 4$; $x \in [-8; 0]$ ist die linke Parabel,
   p: $y = -0{,}25(x - 4)^2 + 4$; $x \in [0; 8]$ ist die rechte Parabel.

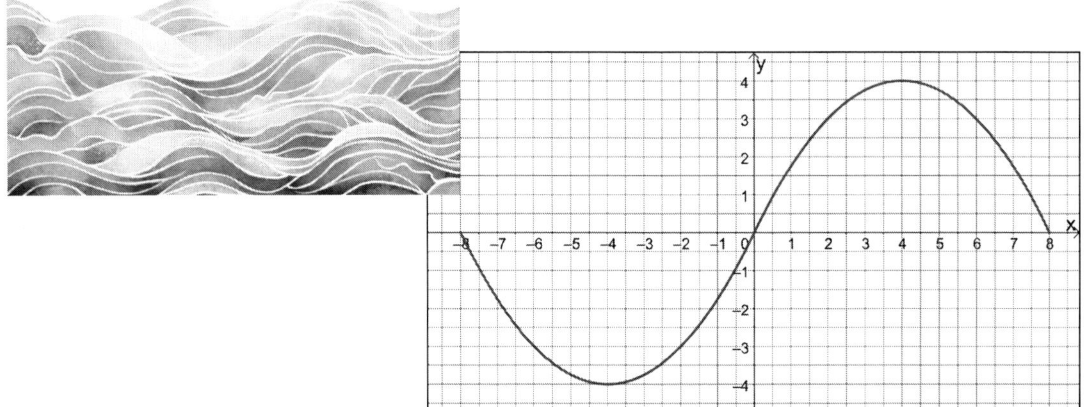

2. a) $y_P = 4a + 4{,}5$

   b) $4a + 4{,}5 = 0 \mid -4{,}5$

   $4a = -4{,}5 \quad \mid : 4$

   $a = -1{,}125$ Für $a > -1{,}125$ gilt $y > 0$

C1

Weiterführende Aufgaben allgemeiner Parabeln

1. *Berechne die Nullstellen der Parabel p:* $y = 5x^2 - 3x - 7$

2. Die Parabel p: $y = 3(x - 2)^2 + 1{,}5$ soll um den Vektor $\vec{v} = \binom{3}{-4}$ auf die Parabel p' verschoben werden.

a) Lies den Scheitelpunkt der Parabel p ab.

b) Berechne den Scheitelpunkt der verschobenen Parabel p'.

c) Bestimme die Funktionsgleichung der Parabel p'.

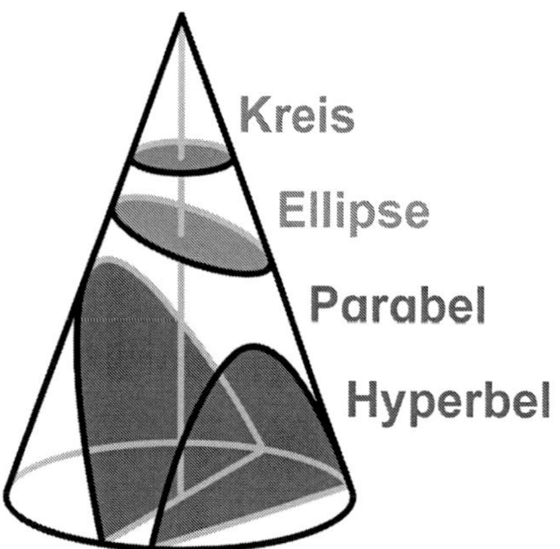

C2

Weiterführende Aufgaben allgemeiner Parabeln

1. *Berechne die Schnittpunkte der Parabel p:* $y = -2x^2 + 8x + 11$ *mit der Geraden g:* $y = 0{,}5x + 7$.

2. *Die Parabel p:* $y = 0{,}25(x + 1{,}5)^2 - 3$ *wird auf die Parabel p':* $y = 0{,}25(x - 7)^2 - 5$ *verschoben.*

   Gib den Verschiebungsvektor $\vec{v}$ *an.*

Lösung

C1

Weiterführende Aufgaben allgemeiner Parabeln

1. $0 = 5x^2 - 3x - 7 \qquad x_{1/2} = \dfrac{-(-3) \pm \sqrt{(-3)^2 - 4 \cdot 5 \cdot (-7)}}{2 \cdot 5}$

   $x_1 = 1{,}52;\ x_2 = -0{,}92 \qquad N_1\,(-0{,}92\,|\,0);\ N_2\,(1{,}52\,|\,0)$

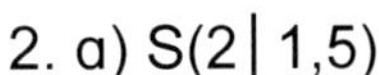

2. a) $S(2\,|\,1{,}5)$

   b) $S'(2 + 3\,|\,1{,}5 - 4) = S'(5\,|\,-2{,}5)$

   c) p': $y = 3(x - 5)^2 - 2{,}5$

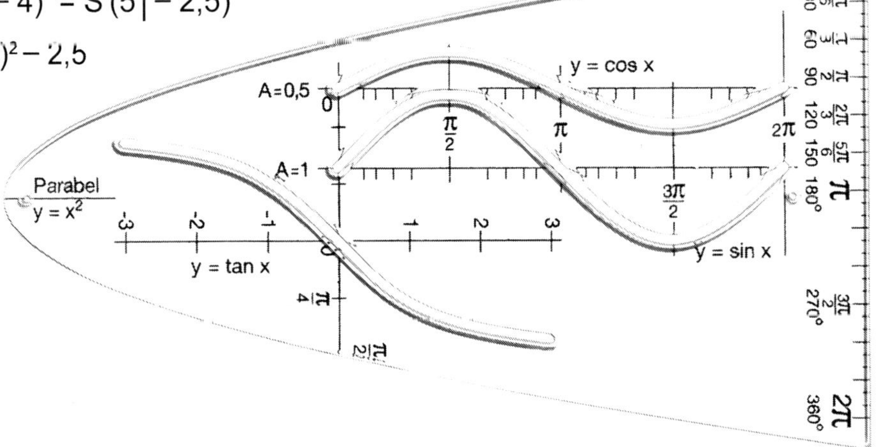

Lösung

C2

Weiterführende Aufgaben allgemeiner Parabeln

1. $-2x^2 + 8x + 11 = 0{,}5x + 7 \quad |-0{,}5x - 7$

   $-2x^2 + 7{,}5x + 4 = 0 \qquad x_{1/2} = \dfrac{-7{,}5 \pm \sqrt{7{,}5^2 - 4 \cdot (-2) \cdot 4}}{2 \cdot (-2)}$

   $x_1 = -0{,}47;\ x_2 = 4{,}22$

   x_1 in g: $y = 0{,}5 \cdot (-0{,}47) + 7$ $\qquad$ x_2 in g: $y = 0{,}5 \cdot 4{,}22 + 7$

   $y = 6{,}77$ $\qquad$ $y = 9{,}11$

   $S_1\,(-0{,}47\,|\,6{,}77);\ S_2 = (4{,}22\,|\,9{,}11)$

2. $S(-1{,}5\,|\,-3)$ und $S'(7\,|\,-5)$

   $\vec{v} = \begin{pmatrix} 7 - (-1{,}5) \\ -5 - (-3) \end{pmatrix} \qquad \vec{v} = \begin{pmatrix} 8{,}5 \\ -2 \end{pmatrix}$

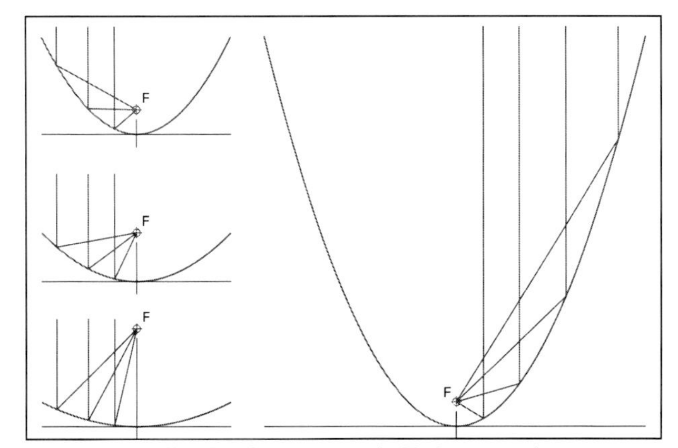

4 parabolische Kurven mit Fokuspunkten

C3

Weiterführende Aufgaben allgemeiner Parabeln

1. Berechne die Schnittpunkte der Parabel p_1: $y = 4{,}5x^2 - 3x - 1{,}5$ mit der Parabel p_2: $y = -0{,}5x^2 + 10x - 6{,}5$.

2. Gegeben ist die Parabelschar p(u): $y = 2x^2 + 2ux - x + u$.

a) Zeichne die Parabeln für $u \in \{-2; -1; 0; 1; 2\}$ in das Koordinatensystem ein.

b) Berechne die Scheitelkoordinaten aller Scheitelpunkte in Abhängigkeit von u.

c) Auf was für einem Graphen liegen alle Scheitelpunkte?

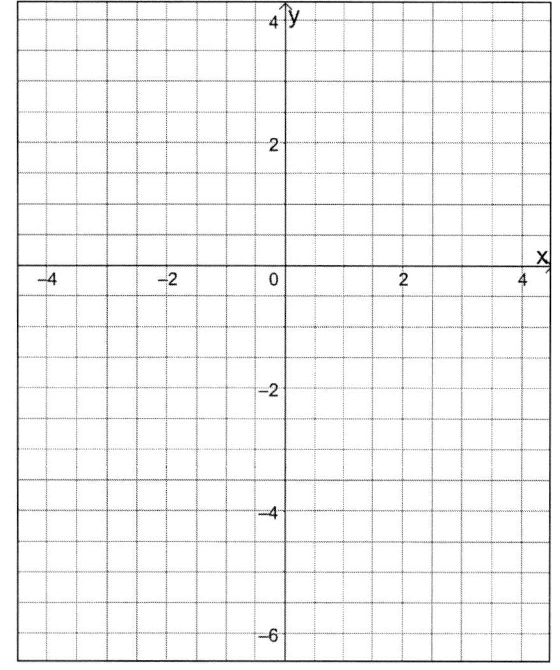

C4

Weiterführende Aufgaben allgemeiner Parabeln

1. Berechne alle Achsenschnittpunkte der Parabel p: $y = 12x^2 + 0{,}25x - 2{,}25$.

2. Gegeben ist die Parabel p: $y = -2x^2 - 6x + 8$ und die Gerade g: $y = 10x + t$. Bestimme t so, dass die Gerade g eine Tangente an p ist.

KOHL VERLAG Stationenlernen Quadratische Funktionen – Bestell-Nr. 12 926

Lösung

C3

Weiterführende Aufgaben allgemeiner Parabeln

1. $4{,}5x^2 - 3x - 1{,}5 = -0{,}5x^2 + 10x - 6{,}5 \quad |+ 0{,}5x^2 - 10x + 6{,}5$

$5x^2 - 13x + 5 = 0$

$x_{1/2} = \dfrac{-(-13) \pm \sqrt{(-13)^2 - 4 \cdot 5 \cdot 5}}{2 \cdot 5}$

$x_1 = 2{,}13;\ x_2 = 0{,}47$

x_1 in p_1: $y = 4{,}5 \cdot (2{,}13)^2 - 3 \cdot 2{,}13 - 1{,}5 \quad y = 12{,}53$

x_2 in p_1: $y = 4{,}5 \cdot (0{,}47)^2 - 3 \cdot 0{,}47 - 1{,}5 \quad y = -1{,}92$

$S_1\ (2{,}13 \mid 12{,}53);\ S_2 = (0{,}47 \mid -1{,}92)$

2. a)

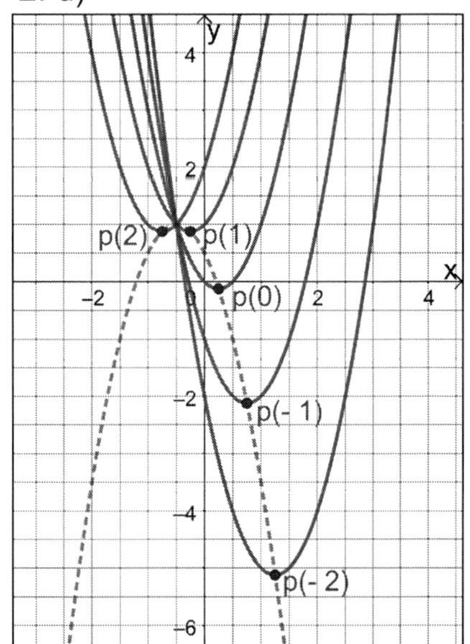

2. b) $y = 2x^2 + 2ux - x + u$

$a = 2 \quad b = 2u - 1 \quad c = u$

$S\left(-\dfrac{(2u-1)}{2 \cdot 2} \,\middle|\, u - \dfrac{(2u-1)^2}{4 \cdot 2}\right)$

$S\left(-0{,}5u + 0{,}25 \,\middle|\, u - \left(\dfrac{4u^2 - 4u + 1}{8}\right)\right)$

$S(-0{,}5u + 0{,}25 \mid -0{,}5u^2 + 1{,}5u - 0{,}125)$

c) Alle Scheitelpunkte liegen auf einer Parabel.

Lösung

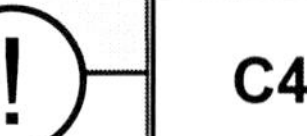

C4

Weiterführende Aufgaben allgemeiner Parabeln

1. Schnittpunkt mit der y–Achse: $S(0 \mid -2{,}25)$

Schnittpunkt mit der x–Achse: $0 = 12x^2 + 0{,}25x - 2{,}25$

$x_{1/2} = \dfrac{-0{,}25 \pm \sqrt{(0{,}25)^2 - 4 \cdot 12 \cdot (-2{,}25)}}{2 \cdot 12}$

$x_1 = 0{,}42;\ x_2 = -0{,}44 \qquad S_1\ (0{,}42 \mid 0);\ S_2 = (-0{,}44 \mid 0)$

2. $-2x^2 - 6x + 8 = 10x + t \quad |- 10x - t$

$-2x^2 - 16x + 8 - t = 0$

Diskriminante: $(-16)^2 - 4 \cdot (-2) \cdot (8 - t) = 0$

$256 + 64 - 8t = 0 \quad |+8t$

$320 = 8t \quad |:8$

$t = 40$

C5

Weiterführende Aufgaben allgemeiner Parabeln

1. Gegeben ist die Parabelschar p: $y = ux^2 - 2ux + 5$ und die Gerade g: $y = 3x - 2$.

a) Berechne die Schnittpunkte jeder Parabel mit der Geraden in Abhängigkeit von u.

b) Für welche Werte von u gibt es zwei Schnittpunkte, einen Schnittpunkt oder keinen Schnittpunkt? Gib in Intervallschreibweise an.

2. Herr Wesel möchte sein Bad renovieren. Da er besonders gerne surft, möchte er die oberste Reihe Fliesen parabelförmig schneiden. Er hat quadratische Fliesen mit einer Seitenlänge von 60 cm. Die Fliesen sollen so geschnitten werden, dass besonders wenig Verschnitt entsteht, die Fliesen symmetrisch sind und die untere Seitenlänge vollständig erhalten bleibt. Bei seinem vollautomatischen Fliesenschneider kann Herr Wesel den Scheitelpunkt sowie die Funktionsgleichung eingeben, um ein perfektes Ergebnis zu erhalten.

Welche Daten muss er in die Maschine eingeben?

Lösung

C5

Weiterführende Aufgaben allgemeiner Parabeln

1. a) $ux^2 - 2ux + 5 = 3x - 2 \quad |-3x + 2$

$ux^2 - 2ux - 3x + 7 = 0$

$ux^2 - (2u + 3)x + 7 = 0$

$x_{1/2} = \frac{2u + 3 \pm \sqrt{-(2u+3))^2 - 4 \cdot u \cdot 7}}{2 \cdot u} \qquad x_{1/2} = \frac{2u + 3 \pm \sqrt{4u^2 + 12u + 9 - 28u}}{2u}$

$x_{1/2} = \frac{2u + 3 \pm \sqrt{4u^2 - 16u + 9}}{2u}$

b) Die Diskriminante $4u^2 - 16u + 9$ ist selbst eine nach oben geöffnete Parabel.

Ihre Nullstellen: $u_{1/2} = \frac{-(-16) \pm \sqrt{(-16)^2 - 4 \cdot 4 \cdot 9}}{2 \cdot 4}$

$u_1 = 3{,}32$; $u_2 = 0{,}68$

Da die Diskriminante eine nach oben geöffnete Parabel ist (mit u–Werten an Stelle von x–Werten), sind die zugehörigen y–Werte links von der linken Nullstelle und rechts von der rechten Nullstelle positiv, dazwischen aber negativ.

$u \in]-\infty; 0{,}68[$	→ Diskriminante > 0	→	2 Schnittpunkte
$u = 0{,}68$	→ Diskriminante = 0	→	1 Schnittpunkt
$u \in]0{,}68; 3{,}32[$	→ Diskriminante < 0	→	0 Schnittpunkte
$u = 3{,}32$	→ Diskriminante = 0	→	1 Schnittpunkt
$u \in]3{,}32; +\infty[$	→ Diskriminante > 0	→	2 Schnittpunkte

2. Scheitelpunkt: S(30 | 60)

Weitere Punkte: A(0 | 0) und B(60 | 0)

$0 = a(0 - 30)^2 + 60$

$-60 = 900a \quad |:900$

$a = -\frac{1}{15}$

Funktionsgleichung der Parabel:

p: $y = -\frac{1}{15}(x - 30)^2 + 60$

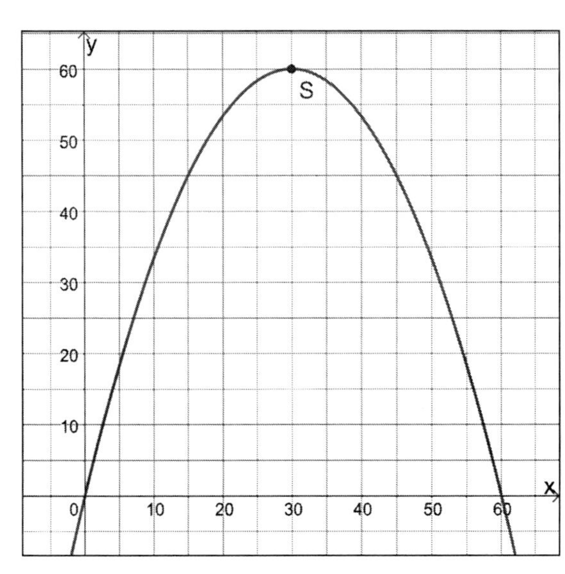

C6

Weiterführende Aufgaben allgemeiner Parabeln

1. Für einen neuen Wasserbrunnen sollen Wasserstrahlen so eingestellt werden, dass man einen parabelförmigen Regenbogen erkennen kann. Alle Wasserdüsen sind in einer Reihe hintereinander eingebaut und die Wasserdüsen sind unterschiedlich geneigt. Jeder Strahl soll in 10 m Entfernung gegenüber von der jeweiligen Düse im Boden landen. Außerdem sollen alle Scheitelpunkte in der Mitte der Strecke, also nach 5 m, erreicht werden.

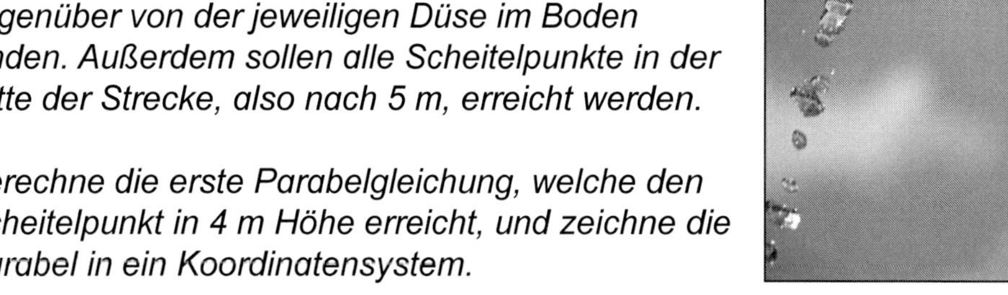

a) Berechne die erste Parabelgleichung, welche den Scheitelpunkt in 4 m Höhe erreicht, und zeichne die Parabel in ein Koordinatensystem.

b) Berechne die zweite und dritte Parabelgleichung, welche den Scheitelpunkt in 3 m bzw. in 2 m Höhe erreichen, und ergänze die beiden Parabeln in das Koordinatensystem von Aufgabenteil a).

c) Stelle die Gleichung der Parabelschar in Abhängigkeit von der erreichten Höhe von u Metern auf. ($u \in \mathbb{R}^+$)

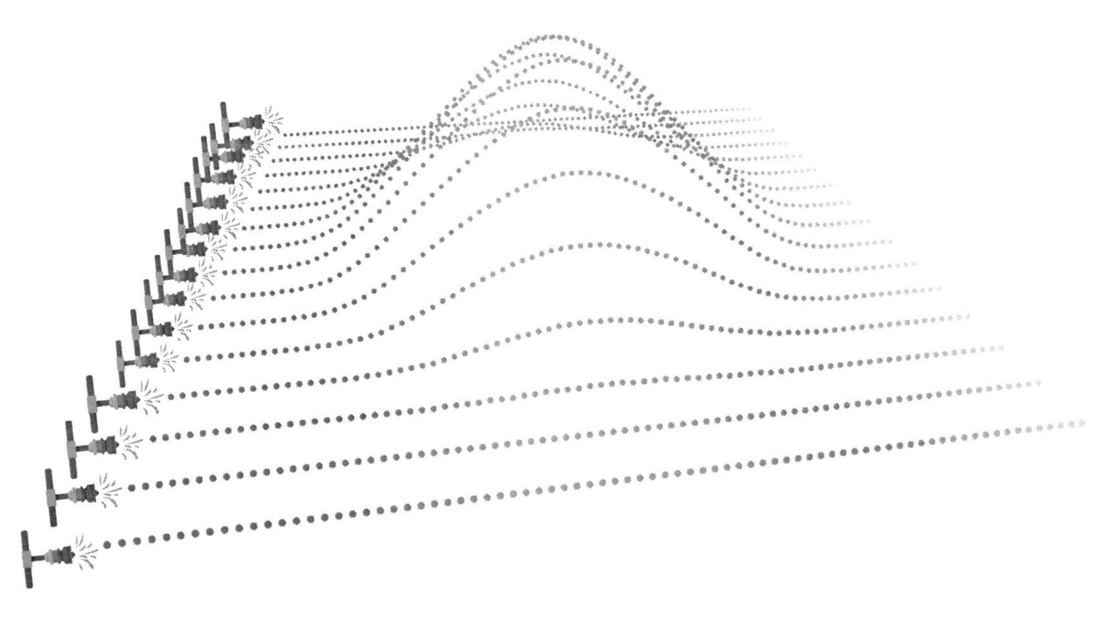

Lösung

C6

Weiterführende Aufgaben allgemeiner Parabeln

1. a) S(5 | 4); P(0 | 0) $0 = a\,(0-5)^2 + 4 \quad |-4$

$-4 = 25a \quad |:25$

$a = -0{,}16$

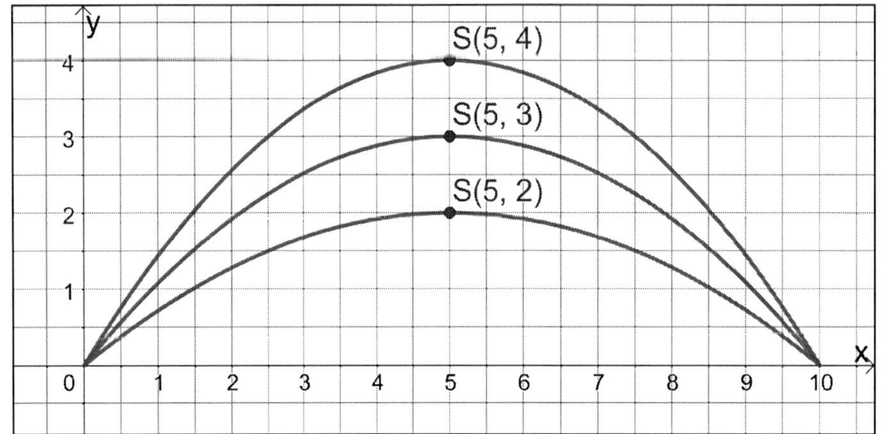

b) S(5 | 3); P(0 | 0) $0 = a\,(0-5)^2 + 3 \quad |-3 \qquad -3 = 25a \quad |:25 \qquad a = -0{,}12$

S(5 | 2); P(0 | 0) $0 = a\,(0-5)^2 + 2 \quad |-2 \qquad -2 = 25a \quad |:25 \qquad a = -0{,}08$

c) S(5 | u); P(0 | 0) $0 = a\,(0-5)^2 + u \quad |-u \qquad -u = 25a \quad |:25 \qquad a = -\frac{u}{25}$

p(u): $y = -\frac{u}{25}\,(x-5)^2 + u$

D1

Vermischte Aufgaben

1. *Gegeben ist die Parabel p: $y = 1{,}25x^2 + 2x - 3$.*
   - a) *Zeichne die Parabel p in das Koordinatensystem.*
   - b) *Berechne den Scheitelpunkt S der Parabel und gib die Funktionsgleichung in Scheitelpunktform an.*
   - c) *Liegt der Punkt $A(-2 \mid 3)$ auf der Parabel p?*
   - d) *Berechne die Nullstellen der Parabel p.*

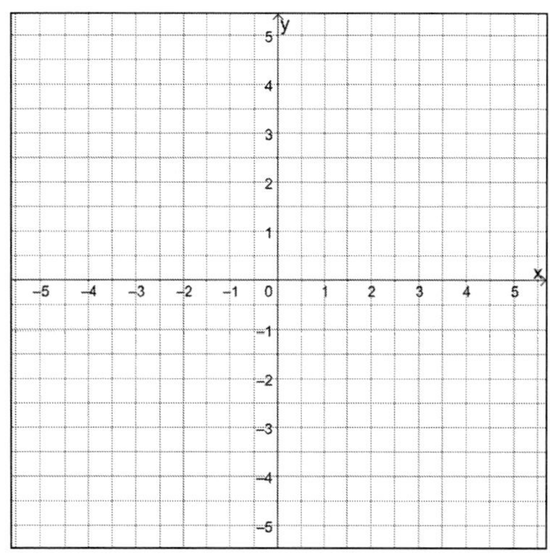

D2

Vermischte Aufgaben

1. *Gegeben ist die Parabel p: $y = -3x^2 - 1{,}5x + 5$*
   - a) *Berechne den Scheitelpunkt der Parabel p.*
   - b) *Zeichne p in ein Koordinatensystem.*
   - c) *Berechne alle Achsenschnittpunkte der Parabel.*
   - d) *Die Gerade g läuft durch den Scheitel S und den Punkt $A(2 \mid -1)$. Berechne die Funktionsgleichung von g und zeichne die Gerade g in das Koordinatensystem ein.*

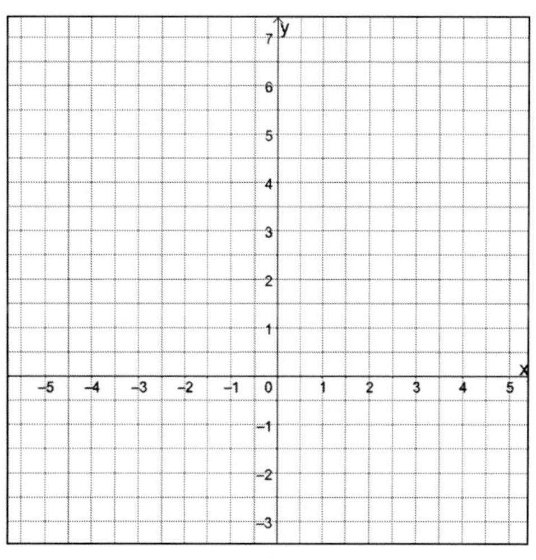

Lösung

D1

Vermischte Aufgaben

b) $S\left(-\frac{2}{2 \cdot 1{,}25} \,\middle|\, -3 - \frac{2^2}{4 \cdot 1{,}25}\right)$

$S(-0{,}8 \,|\, -3{,}8)$

$p\colon y = 1{,}25(x + 0{,}8)^2 - 3{,}8$

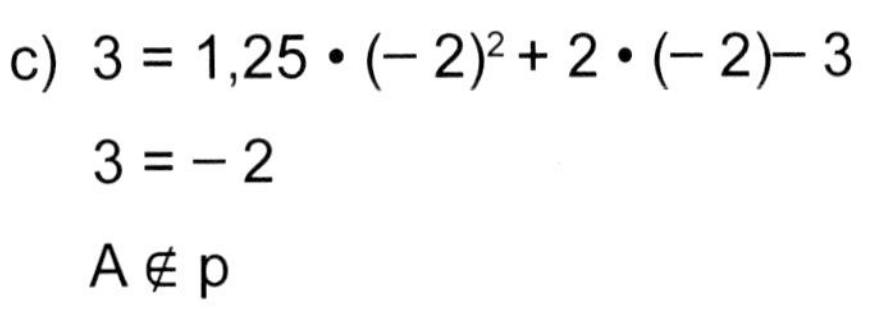

c) $3 = 1{,}25 \cdot (-2)^2 + 2 \cdot (-2) - 3$

$3 = -2$

$A \notin p$

d) $1{,}25x^2 + 2x - 3 = 0$

$$x_{1/2} = \frac{-2 \pm \sqrt{2^2 - 4 \cdot 1{,}25 \cdot (-3)}}{2 \cdot 1{,}25}$$

$x_1 = 0{,}94$; $x_2 = -2{,}54$

$N_1\,(0{,}94 \,|\, 0)$; $N_2\,(-2{,}54 \,|\, 0)$

a)

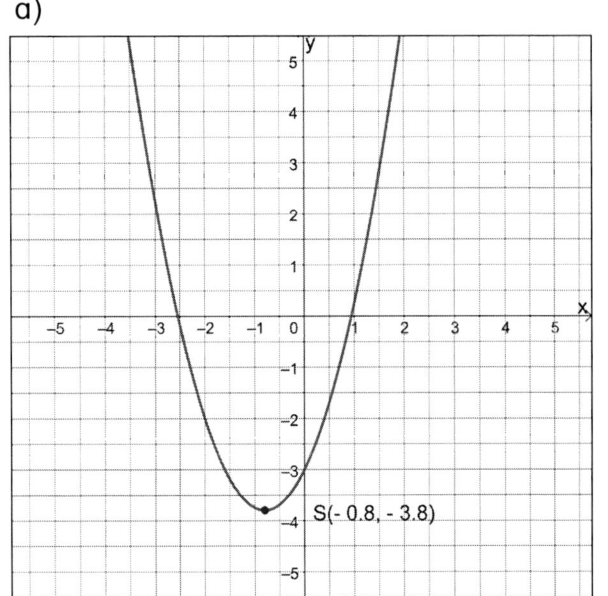

Lösung

D2

Vermischte Aufgaben

a) $S\left(-\frac{-1{,}5}{2 \cdot (-3)} \,\middle|\, 5 - \frac{-1{,}5^2}{4 \cdot (-3)}\right.$; $S(-0{,}25 \,|\, 5{,}1875)$

c) Schnittpunkte mit der x–Achse:

$0 = -3x^2 - 1{,}5x + 5$

$$x_{1/2} = \frac{-(-1{,}5) \pm \sqrt{(-1{,}5)^2 - 4 \cdot (-3) \cdot 5}}{2 \cdot (-3)}$$

$x_1 = -1{,}56$; $x_2 = 1{,}06$

$N_1\,(-1{,}56 \,|\, 0)$; $N_2\,(1{,}06 \,|\, 0)$

Schnittpunkt mit der y–Achse:

$y = 5$ $\quad P(0 \,|\, 5)$

d) $m = \frac{-1 - 5{,}1875}{2 - (-0{,}25)} = -2{,}75$

$-1 = -2{,}75 \cdot 2 + t \quad |+5{,}5$

$t = 4{,}5 \qquad g\colon y = -2{,}75x + 4{,}5$

b)

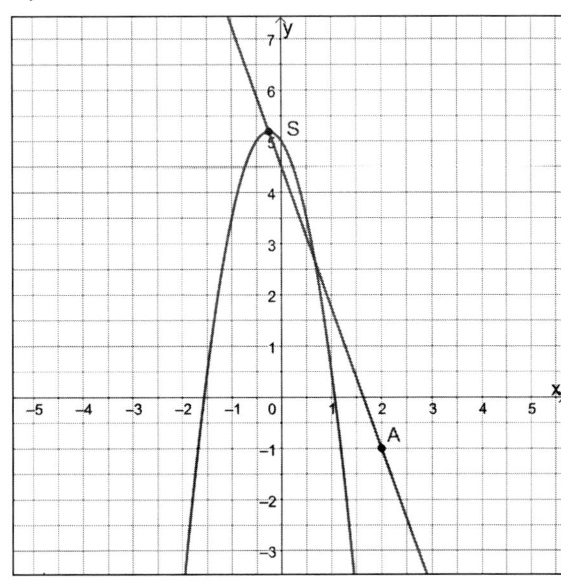

D3

Vermischte Aufgaben

1. *Durch die Punkte A(0 | 2) und B(2 | 6) verläuft die Parabel p mit der Gleichung $y = ax^2 + bx + c$. Es gilt außerdem $b = -4$.*

a) Berechne die Funktionsgleichung der Parabel p und zeichne sie in das Koordinatensystem.

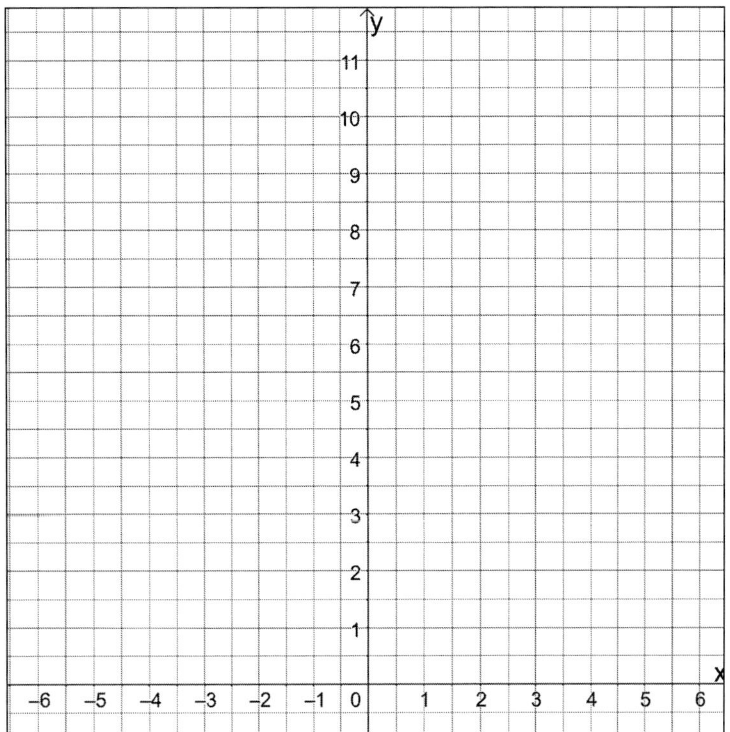

b) Fülle die folgende Tabelle aus.

$y = ax^2 + bx + c$	nach oben oder unten geöffnet	Max/Min	Scheitel–punkt	D	W	Symmetrie–achse

c) Die Parabel p wird durch den Vektor $\vec{v} = \binom{-3}{+4}$ auf die Parabel p' verschoben. Berechne die Gleichung von p'. Zeichne auch p' in das selbe Koordinatensystem ein.

d) In welchen Punkten schneiden sich die Parabeln p und p'? Vergleiche dein Ergebnis mit den beiden Parabeln im Bild.

KOHL VERLAG Lernen mit Erfolg Stationenlernen Quadratische Funktionen – Bestell-Nr. 12 926

Lösung

! D3

Vermischte Aufgaben

a) I: $2 = a \cdot (0)^2 - 4 \cdot 0 + c$
I: $2 = c$
I in II: $6 = 4a - 8 + 2$ |+ 6
$12 = 4a$ |:4 $a = 3$

II: $6 = a \cdot 2^2 - 4 \cdot 2 + c$
II: $6 = 4a - 8 + c$

p: $y = 3x^2 - 4x + 2$

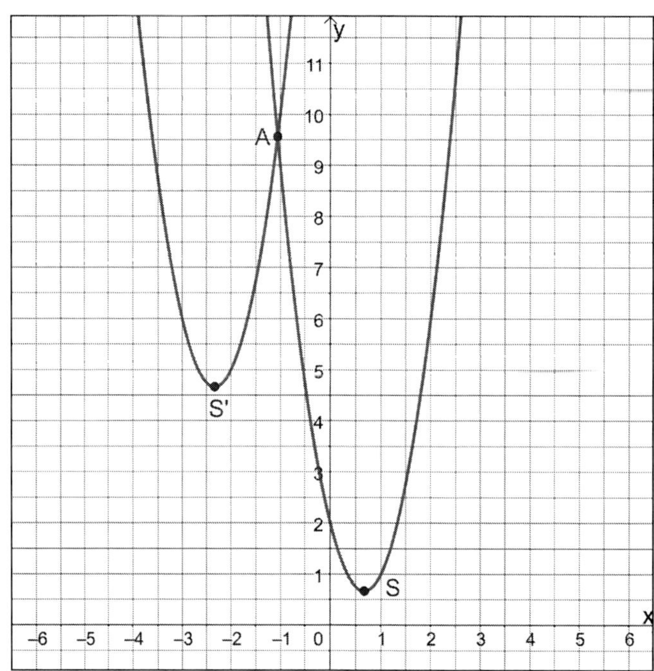

b)

$y = ax^2 + bx + c$	nach oben oder unten geöffnet	Max/Min	Scheitel–punkt	D	W	Symmetrie–achse
$y = 3x^2 + 4x + 2$	oben	Min	$S(\frac{2}{3} \mid \frac{2}{3})$	$D = \mathbb{R}$	$W = \{y \mid y \geq \frac{2}{3}\}$	$x = \frac{2}{3}$

c) $S'(\frac{2}{3} - 3 \mid \frac{2}{3} + 4)$; $S'(-\frac{7}{3} \mid \frac{14}{3})$; p': $y = 3(x + \frac{7}{3})^2 + \frac{14}{3}$

d) $3(x + \frac{7}{3})^2 + \frac{14}{3} = 3x^2 - 4x + 2$

$3(x^2 + \frac{14}{3}x + \frac{49}{9}) + \frac{14}{3} = 3x^2 - 4x + 2$ $|- 3x^2 + 4x - 2$

$18x + 19 = 0$ $|- 19$ $18x = -19$ $|:18$

$x = -\frac{19}{18}$ in p: $y = 3 \cdot (-\frac{19}{18})^2 - 4 \cdot (-\frac{19}{18}) + 2$

$y = 9{,}56$ Schnittpunkt bei $A(-\frac{19}{18} \mid 9{,}56)$

Es gibt also nur einen Schnittpunkt, was im Bild oben nicht sofort klar ist.

Vermischte Aufgaben

1. Gegeben sind die Punkte A(1 | 0); B(– 1 | – 1) und C(0 | 2).

a) Stelle die Parabelgleichung durch die 3 Punkte A, B und C auf.
(Ergebnis: $y = -2{,}5x^2 + 0{,}5x + 2$)

b) Zeichne die Parabel in das Koordinatensystem.

c) Die Parabel p wird mit dem Vektor $\vec{v}$ auf die Parabel p‘: $y = -2{,}5x^2 + 15{,}5x - 23$ verschoben. Bestimme die Koordinaten des Vektors $\vec{v}$ und zeichne p‘ in dasselbe Koordinatensystem ein.

d) Die Gerade g: $y = 0{,}5x - 3$ schneidet die beiden Parabeln. Bestimme alle Schnittpunkte. Zeichne die Gerade ein.

e) Bestimme eine zu g parallele Gerade h, die die beiden Parabeln in exakt drei Schnittpunkten schneidet und deren y–Achsenabschnitt $t < 0$ ist.
Zeichne auch diese Gerade ein.

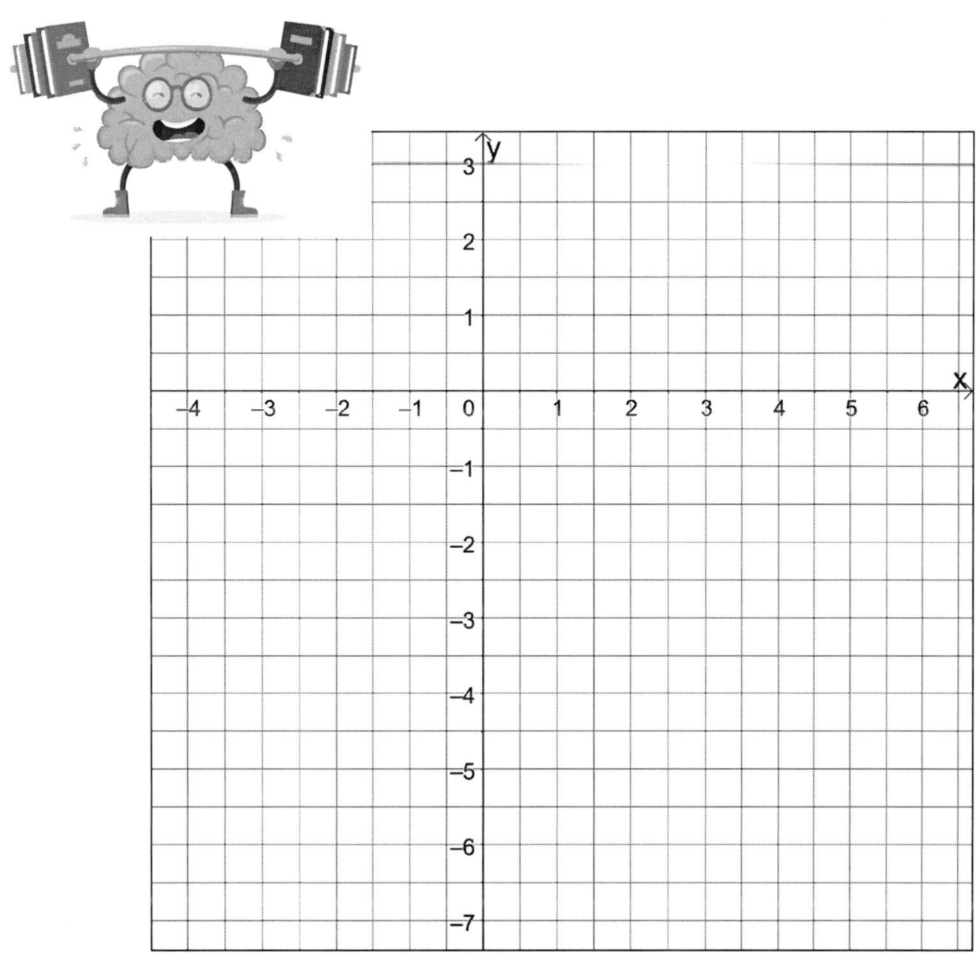

Stationenlernen Quadratische Funktionen – Bestell-Nr. 12 926

KOHL VERLAG

Lösung

D4

Vermischte Aufgaben

a) I: $0 = a + b + c$ II: $-1 = a - b + c$ III: $\mathbf{2 = c}$

I: $0 = a + b + 2 \mid - a - 2$ II: $-1 = a - b + 2$

I: $-a - 2 = b$ I in II: $-1 = a - (-a - 2) + 2$

$-1 = 2a + 4 \quad \mid -4$

$-5 = 2a \quad \mid :2$ $\mathbf{a = -2{,}5}$

a in I: $\mathbf{b = 0{,}5}$ p: $y = -2{,}5x^2 + 0{,}5x + 2$

b)

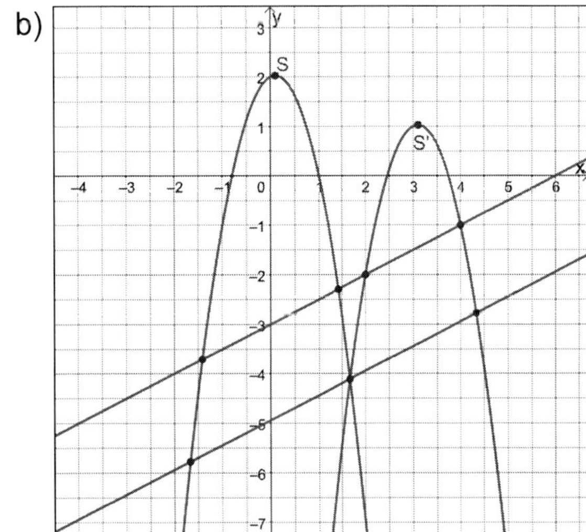

c) $S\left(-\frac{-0{,}5}{2 \cdot (-2{,}5)} \middle| 2 - \frac{-0{,}5^2}{4 \cdot (-2{,}5)}\right)$; $S(0{,}1 \mid 2{,}025)$

$S\left(-\frac{-15{,}5}{2 \cdot (-2{,}5)} \middle| -23 - \frac{15{,}5^2}{4 \cdot (-2{,}5)}\right)$; $S(3{,}1 \mid 1{,}025)$

$\vec{v} = \begin{pmatrix} 3 \\ -1 \end{pmatrix}$

d) $g \cap p$:

$0{,}5x - 3 = -2{,}5x^2 + 0{,}5x + 2 \quad \mid -0{,}5x + 3$

$0 = -2{,}5x^2 + 5 \quad \mid -5$

$-5 = -2{,}5x^2 \quad \mid :(-2{,}5)$

$2 = x^2 \quad \mid \sqrt{\ldots}$

$x = \pm\sqrt{2}$

$x_1 = -\sqrt{2}$; $x_2 = \sqrt{2}$

$G_1(-\sqrt{2} \mid -3{,}71)$; $G_2(\sqrt{2} \mid -2{,}29)$

$g \cap p'$: $0{,}5x - 3 = -2{,}5x^2 + 15{,}5x - 23 \quad \mid -0{,}5x + 3$

$0 = -2{,}5x^2 + 15x - 20$

$$x_{1/2} = \frac{-15 \pm \sqrt{(15^2 - 4 \cdot (-2{,}5) \cdot (-20))}}{2 \cdot (-2{,}5)}$$

$x_1 = 2$; $x_2 = 4$

$G_3(2 \mid -2)$; $G_4(4 \mid -1)$

e) $p \cap p'$: $-2{,}5x^2 + 0{,}5x + 2 =$

$-2{,}5x^2 + 15{,}5x - 23 \quad \mid +2{,}5x^2 - 0{,}5x + 23$

$25 = 15x \mid :15$

$x = \frac{5}{3}$

$D\left(\frac{5}{3} \middle| -4{,}11\right)$

g': $-4{,}11 = 0{,}5 \cdot \frac{5}{3} + t \quad \mid -\frac{5}{3}$

$-4{,}94 = t$

g': $y = 0{,}5x - 4{,}94$

E1

Geometrische Aufgaben

1. *Gegeben ist die Parabel p: $y = 0{,}25x^2 - x - 3$ und die Gerade g: $y = -0{,}5x + 3$.*

a) Zeichne die Parabel p und die Gerade g in das Koordinatensystem.

b) Berechne die Schnittpunkte der Parabel mit der Geraden.

c) Die Punkte A_n liegen auf der Gerade g und die Punkte B_n auf der Parabel p. A_n und B_n haben stets dieselbe Abszisse x und es gilt $y_{An} > y_{Bn}$. Zeichne die Strecken $\overline{A_1 B_1}$ für $x = -2$ und $\overline{A_2 B_2}$ für $x = 3$ in das Koordinatensystem ein.

d) Bestimme die Länge $|\overline{A_n B_n}|$ in Abhängigkeit von x.

e) Gibt es eine Strecke $\overline{A_3 B_3}$ mit 5 LE?

f) M_n ist der Mittelpunkt der Strecken $\overline{A_n B_n}$. Zeichne M_1 und M_2 in das Koordinatensystem ein.

g) Berechne den Mittelpunkt M_n der Strecken $\overline{A_n B_n}$ in Abhängigkeit von x.

h) Ergänze die Strecken $\overline{A_1 B_1}$ und $\overline{A_2 B_2}$ zu Quadraten $A_1 C_1 B_1 D_1$ und $A_2 C_2 B_2 D_2$.

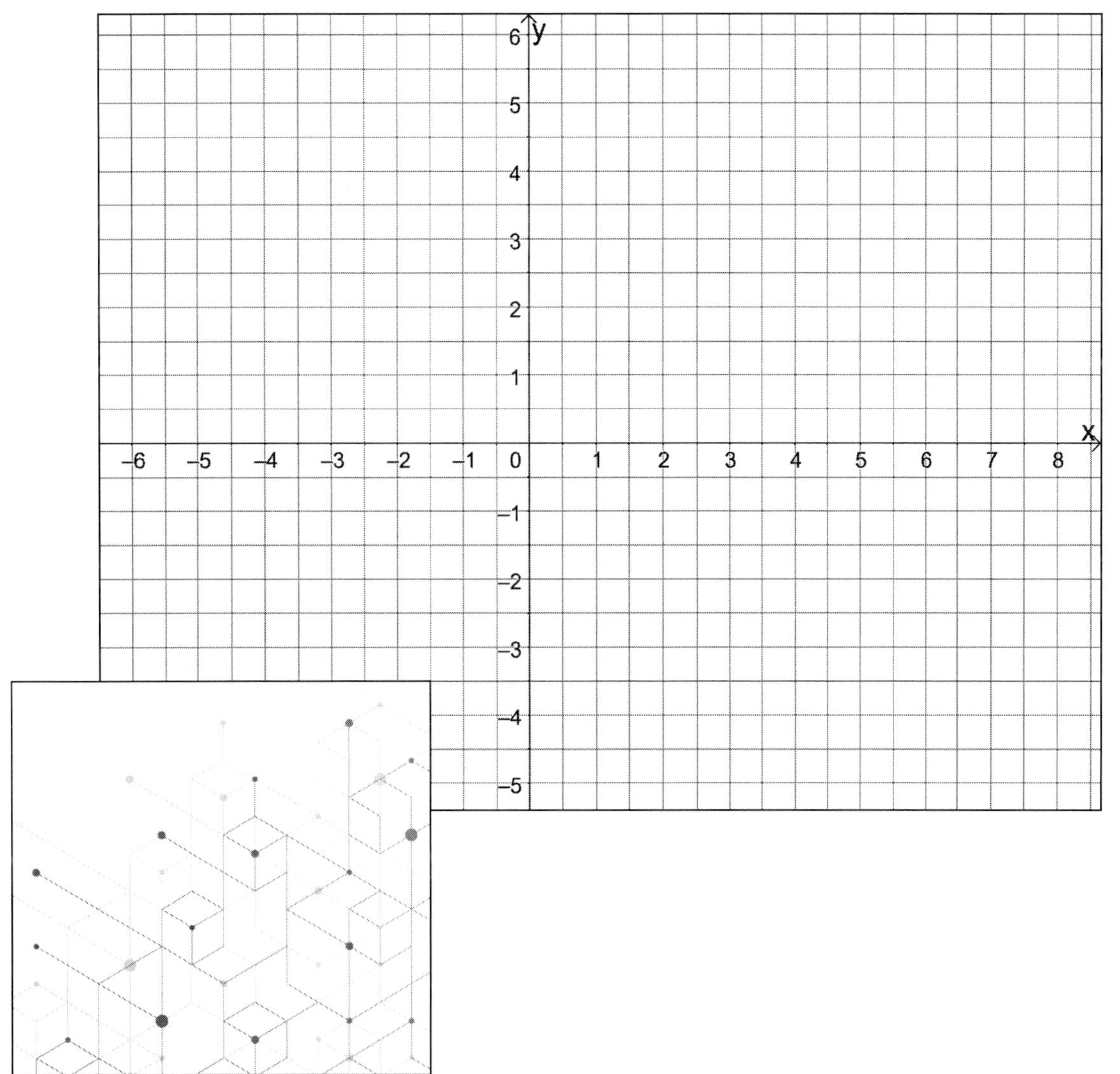

KOHL VERLAG Stationenlernen Quadratische Funktionen – Bestell-Nr. 12 926

Lösung

E1

Geometrische Aufgaben

a)

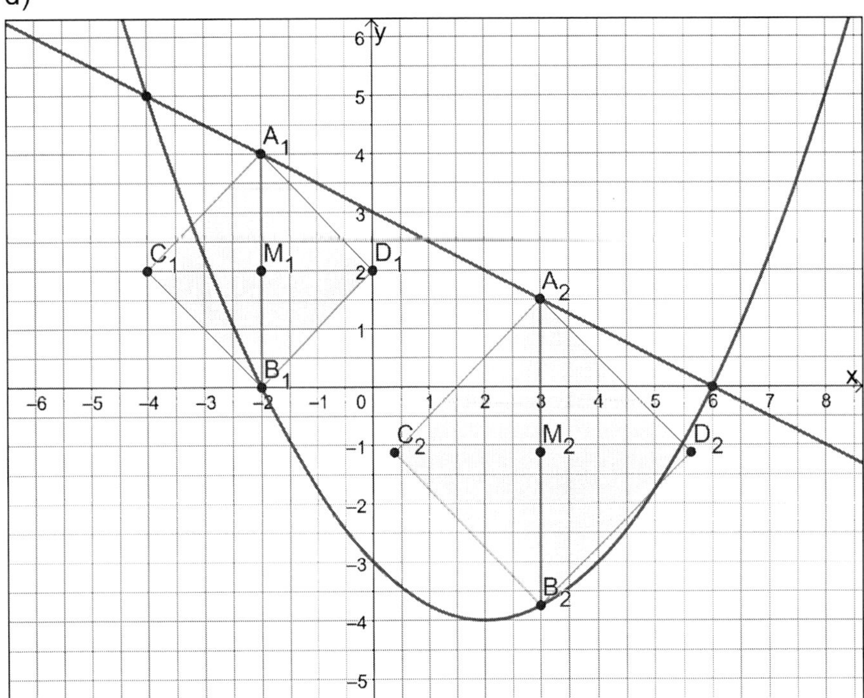

b) $0{,}25x^2 - x - 3 = -0{,}5x + 3 \quad |+0{,}5x - 3$

$0{,}25x^2 - 0{,}5x - 6 = 0$

$$x_{1/2} = \frac{-(-0{,}5) \pm \sqrt{(-0{,}5)^2 - 4 \cdot (0{,}25) \cdot (-6)}}{2 \cdot 0{,}25}$$

$x_1 = -4;\ x_2 = 6 \qquad S_1\,(-4\,|\,5);\ S_2\,(6\,|\,0)$

c) s. Bild oben

d) $|\overline{A_n B_n}| = y_A - y_B$

$= -0{,}5x + 3 - (0{,}25x^2 - x - 3) = (-0{,}25x^2 + 0{,}5x + 6)$ LE

e) $-0{,}25x^2 + 0{,}5x + 6 = 5 \quad |-5$

$-0{,}25x^2 + 0{,}5x + 1 = 0$

$$x_{1/2} = \frac{-0{,}5 \pm \sqrt{-0{,}5^2 - 4 \cdot (0{,}25) \cdot 1}}{2 \cdot (-0{,}25)}$$

$x_1 = 3{,}24;\ x_2 = -1{,}24$ Es gibt sogar zwei Strecken mit einer Länge von 5 LE.

f) s. Bild oben

g) $M_n\left(\frac{x + x}{2}\,\middle|\,\frac{0{,}25x^2 - x - 3 + (-0{,}5x + 3)}{2}\right) \qquad M_n\,(x\,|\,0{,}125x^2 - 0{,}75x)$

h) s. Bild oben; $M_1(-2|2)$; $M_2(3|-1{,}125)$;

$C_1(-2 - \frac{4}{2}|2)$; $D_1(-2 + \frac{4}{2}|2)$; $C_2(3 - \frac{5{,}25}{2}|-1{,}125)$; $D_2(3 + \frac{5{,}25}{2}|-1{,}125)$

E2

Geometrische Aufgaben

1. *Gegeben ist die Parabel p: $y = -0{,}5x^2 + x + 4$.*

a) *Zeichne die Parabel p in das Koordinatensystem ein.*

b) *Berechne die Nullstellen der Parabel p.*

c) *Die Parabel q läuft durch die Nullstellen der Parabel p sowie durch den Punkt $Q(0\,|\,-1{,}78)$.*

Zeige rechnerisch, dass q die Funktionsgleichung: $y = 0{,}22x^2 - 0{,}44x - 1{,}78$ hat.

Zeichne die Parabel q in das Koordinatensystem ein.

d) *Haben die Scheitelpunkte der Parabeln p und q dieselbe Abszisse x? Prüfe durch Rechnung.*

e) *Die Punkte $A_n\,(x\,|\,-0{,}5x^2 + x + 4)$ und die Punkte $C_n\,(x\,|\,0{,}22x^2 - 0{,}44x - 1{,}78)$ haben stets dieselbe Abszisse x. Die Punkte M_n liegen auf der Strecke $\overline{A_n C_n}$ und es gilt: $|\overline{A_n M_n}| = 1$ LE. Zeichne die Punkte A_1, C_1 und M_1 für $x = -1$ und A_2, C_2 und M_2 für $x = 2$ in das Koordinatensystem ein.*

f) *Die Punkte B_n und D_n ergänzen die Punkte A_n und C_n zu Drachenvierecken $A_n B_n C_n D_n$. Dabei gilt: $|\overline{B_n M_n}| = |\overline{D_n M_n}| = 2$ LE. Zeichne die Drachenvierecke $A_1 B_1 C_1 D_1$ und $A_2 B_2 C_2 D_2$ in das Koordinatensystem ein.*

g) *Berechne die Länge $|\overline{A_n C_n}|$ in Abhängigkeit von x.*

h) *Für welchen Wert von x ist die Länge $|\overline{A_n C_n}|$ maximal?*

i) *Gibt es unter den Drachenvierecken auch eine Raute $A_3 B_3 C_3 D_3$?*

j) *Berechne den Flächeninhalt der Drachenvierecke $A_n B_n C_n D_n$ in Abhängigkeit von x.*

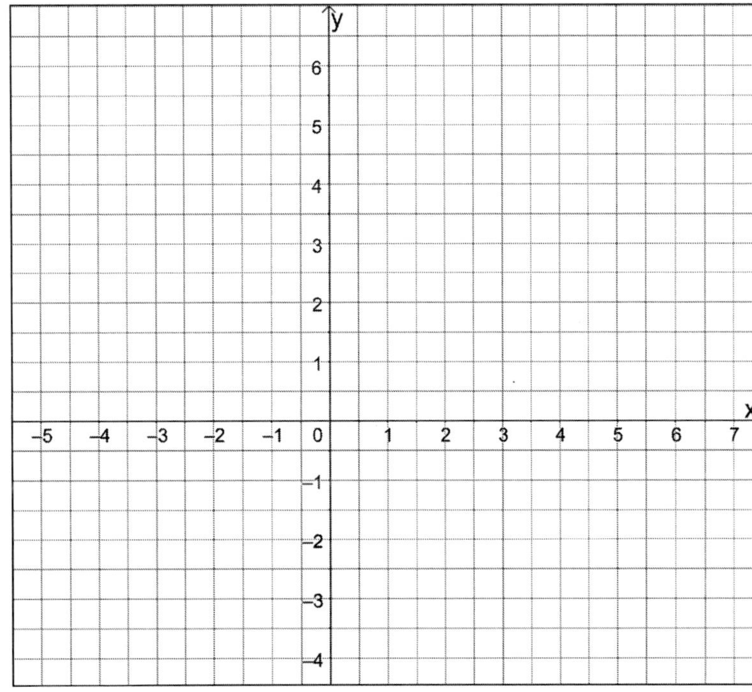

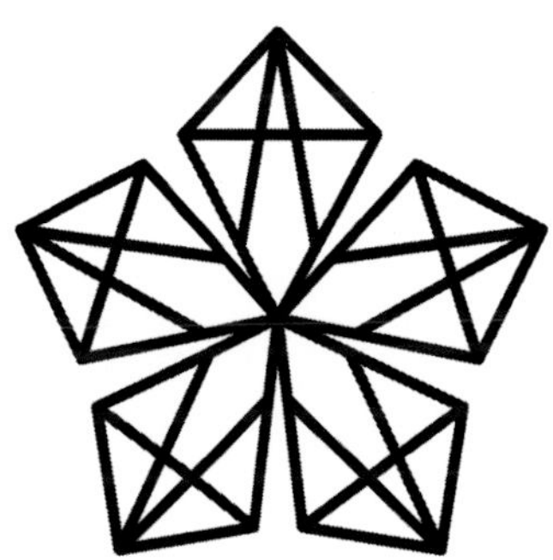

Lösung

E2

Geometrische Aufgaben

a)

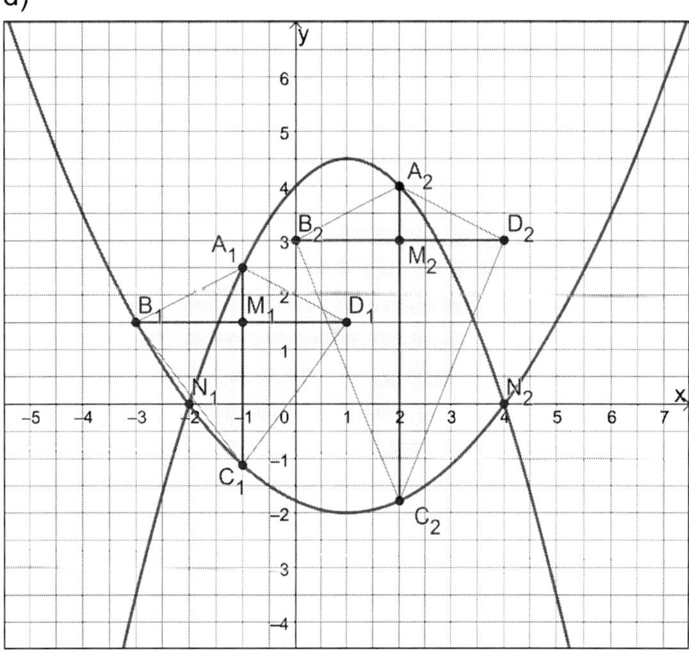

b) $0 = -0{,}5x^2 + x + 4x_{1/2} = \dfrac{-1 \pm \sqrt{1^2 - 4 \cdot (-0{,}5) \cdot 4}}{2 \cdot (-0{,}5)}$; $x_1 = 4$; $x_2 = -2$;
$N_1\,(-2\,|\,0)$; $N_2\,(4\,|\,0)$

c) I: $0 = a \cdot 4^2 + b \cdot 4 + c$ II: $0 = a \cdot (-2)^2 + b \pm (-2) + c$ III: $\mathbf{-1{,}78 = c}$

I: $0 = 16a + 4b - 1{,}78$ $|+ 1{,}78 - 16a$ II: $0 = 4a - 2b - 1{,}78$

I: $1{,}78 - 16a = 4b$ $|:4$

I: $0{,}445 - 4a = b$ I in II: $0 = 4a - 2(0{,}445 - 4a) - 1{,}78$

$0 = 12a - 2{,}67$ $|+2{,}67$

$2{,}67 = 12a$ $|:12$ $\mathbf{a = 0{,}22}$

I: $0{,}445 - 4 \cdot 0{,}22 = b$ $\mathbf{b = -0{,}44}$ q: $y = 0{,}22x^2 - 0{,}44x - 1{,}78$; s. Bild oben

d) $S_p(\frac{1}{1} | 4 + \frac{1}{2}) = S_p(1|4{,}5)$ und $S_q(\frac{0{,}44}{2 \cdot 0{,}22} | -1{,}78 - \frac{(0{,}44)^2}{4 \cdot 0{,}22} = S_q(1|-2)$ haben beide Abszisse $x = 1$.

e) $A_1\,(-1\,|\,2{,}5)$, $C_1\,(-1\,|\,-1{,}12)$ und $M_1\,(-1\,|\,1{,}5)$; $A_2\,(2\,|\,4)$, $C_2\,(2\,|\,-1{,}78)$ und $M_2\,(2\,|\,3)$

f) $B_1\,(-3\,|\,1{,}5)$, $D_1\,(1\,|\,1{,}5)$ und $B_2\,(0\,|\,3)$, $D_2\,(4\,|\,3)$

g) $|\overline{A_n C_n}| = (-0{,}5x^2 + x + 4) - (0{,}22x^2 - 0{,}44x - 1{,}78) = -0{,}72x^2 + 1{,}44x + 5{,}78$ LE

h) Die Strecke $\overline{A_n C_n}$ ist maximal für $A_n = S_p(1|4{,}5)$; $C_n = S_q(1|-2)$; $|\overline{A_n C_n}| = 4{,}5 - (-2) = 6{,}5$ für $x = 1$

i) Bei einer Raute gilt: $|\overline{A_n C_n}| = 2$, da $|\overline{A_n M_n}| = |\overline{M_n C_n}| = 1$ LE

$-0{,}72x^2 + 1{,}44x + 5{,}78 = 2$ $x_{1/2} = \dfrac{-(-1{,}44 \pm \sqrt{(-1{,}44)^2 - 4 \cdot (+0{,}72) \cdot (-3{,}78)}}{2 \cdot 0{,}72}$

$0{,}72x^2 - 1{,}44x - 3{,}78 = 0$ $x_1 = -1{,}5$; $x_2 = 3{,}5$

Ja, es gibt sogar zwei Rauten $A_3 B_3 C_3 D_3$ bzw. $A_4 B_4 C_4 D_4$.

j) $A(x) = 0{,}5 \cdot (-0{,}72x_2 + 1{,}44x + 5{,}78) \cdot 4$; $A(x) = (-1{,}44x^2 + 2{,}88x + 11{,}56)$ FE

E3

Geometrische Aufgaben

1. Gegeben ist die Gerade g: $y = -0{,}5x + 3$.

a) Durch den Punkt A(2| 2) läuft eine zu g senkrechte Gerade h. Berechne die Funktionsgleichung von h.

b) Zeichne die Geraden g und h in das Koordinatensystem ein.

c) Die Parabelschar p(b) besitzt den Öffnungsfaktor $a = 2$. Außerdem liegen alle Scheitelpunkte von p(b) auf h. Stelle die Parabelschargleichung in Abhängigkeit von b auf.
(Lösung: p(b): $y = 2(x - b)^2 + 2b - 2$)

d) Zeichne die Parabeln p(0) für $b = 0$ und p(1) für $b = 1$ in das Koordinatensystem ein.

e) Berechne die Gleichung einer Tangente t an p(0), welche parallel zu g verläuft.

f) Zeige, dass für die Gleichung aller Tangenten t(b) an p(b) in Abhängigkeit von b, welche parallel zu g verlaufen, gilt: t(b): $y = -0{,}5x + 2{,}5b - 2{,}03$

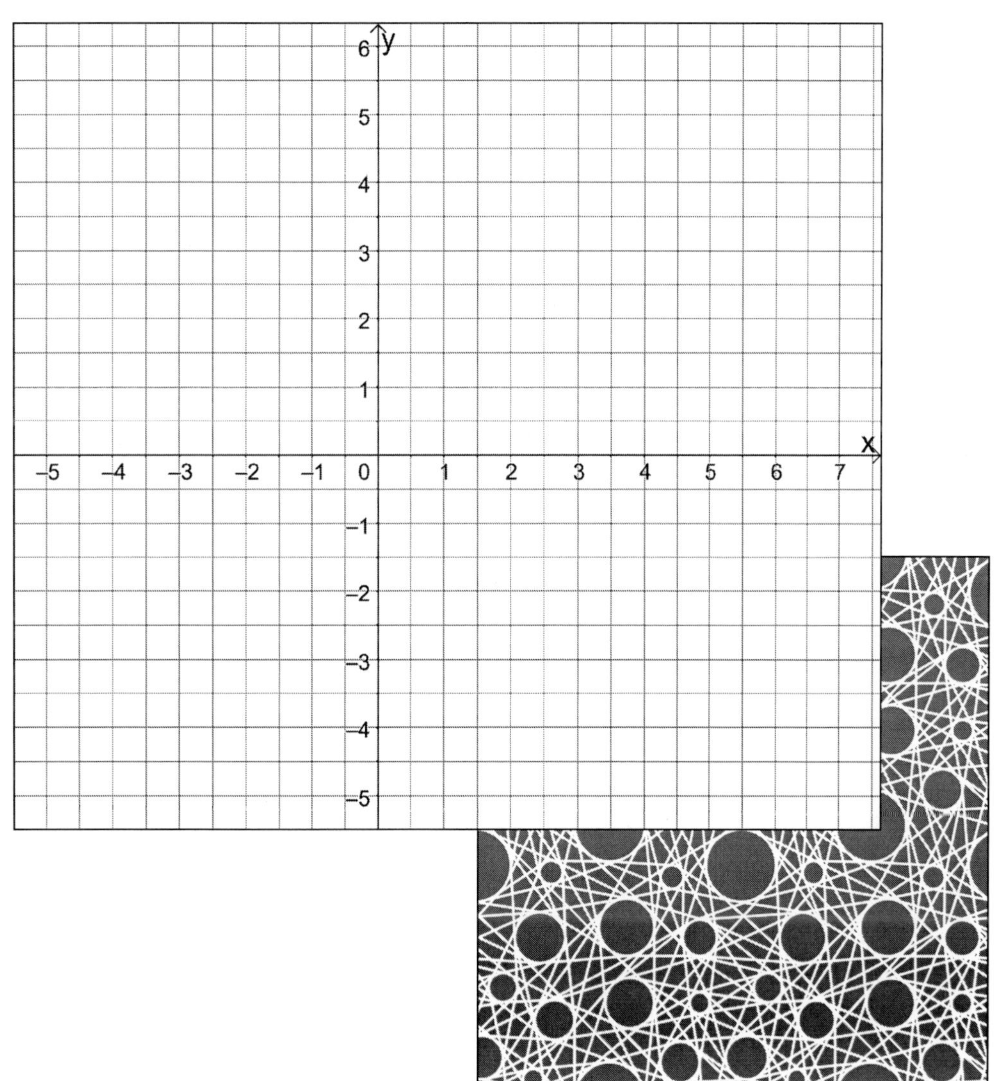

KOHL VERLAG Stationenlernen Quadratische Funktionen – Bestell-Nr. 12 926

Lösung

E3

Geometrische Aufgaben

a) $-1 = -0{,}5 \cdot m_h$ 　 h: $2 = 2 \cdot 2 + t$

$m_h = 2$ 　 $t = -2$ 　 h: $y = 2x - 2$

b)

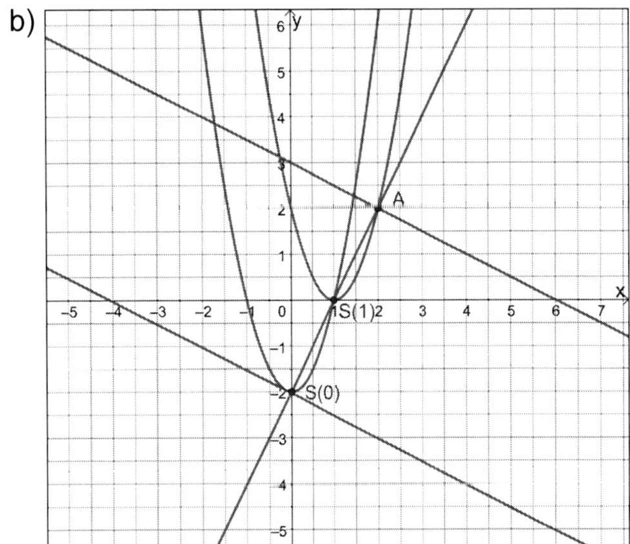

c) p(b): $y = 2(x-b)^2 + 2b - 2$

d) p(0) $= 2x^2 - 2$; p(1) $= 2(x-1)^2$; s. Bild oben

e) t(0): $y = -0{,}5x + t$

$-0{,}5x + t = 2x^2 - 2 \quad |+ 0{,}5x - t$

$2x^2 + 0{,}5x - 2 - t = 0$

Diskriminante: $0{,}5^2 - 4 \cdot 2 \cdot (-2 - t) = 0$

$0{,}25 + 16 + 8t = 0 \quad |- 16{,}25$

$8t = -16{,}25 \quad |:8$

$t = -2{,}03$ 　 t(0): $y = -0{,}5x - 2{,}03$

f) $-0{,}5x + t = 2(x-b)^2 + 2b - 2 \quad |+0{,}5x - t$

$0 = 2(x^2 - 2bx + b^2) + 2b - 2 + 0{,}5x - t$

$0 = 2x^2 - 4bx + 2b^2 + 2b - 2 + 0{,}5x - t$

$0 = 2x^2 + x(0{,}5 - 4b) + 2b^2 + 2b - 2 - t$

Diskriminante: $(0{,}5 - 4b)^2 - 4 \cdot 2 \cdot (2b^2 + 2b - 2 - t) = 0$

$0{,}25 - 4b + 16b^2 - 16b^2 - 16b + 16 + 8t = 0 \quad |- 8t$

$-20b + 16{,}25 = -8t \quad |: (-8)$

$2{,}5b - 2{,}03 = t$ 　 t(b): $y = -0{,}5x + 2{,}5b - 2{,}03$

$0 = 2(x^2 - 2bx + b^2) + 2b - 2 + 0{,}5x - t$

$0 = 2x^2 - 4bx + 2b^2 + 2b - 2 + 0{,}5x - t$

$0 = 2x^2 + x(0{,}5 - 4b) + 2b^2 + 2b - 2 - t$

Diskriminante: $(0{,}5 - 4b)^2 - 4 \cdot 2 \cdot (2b^2 + 2b - 2 - t) = 0$

$0{,}25 - 4b + 16b^2 - 16b^2 - 16b + 16 + 8t = 0 \quad |- 8t$

$-20b + 16{,}25 = -8t \quad |: (-8)$

$2{,}5b - 2{,}03 = t$ 　 t(b): $y = -0{,}5x + 2{,}5b - 2{,}03$

E4

Geometrische Aufgaben

1. Gegeben sind die beiden Parabeln
   $p: y = 2{,}5x^2 + 10x + 8$ und $h: y = 0{,}5x^2 - 5x + 13{,}5$.

a) Zeichne die beiden Parabeln in das Koordinatensystem und berechne beide Scheitelpunkte.

b) Berechne die Schnittpunkte der beiden Parabeln.

c) Die Punkte $A_n \in h$ und die Punkte $B_n \in p$ haben stets denselben y–Wert. Zusammen mit den unterhalb von A_n und B_n liegenden Punkten C_n und D_n bilden sie gleichschenklige Trapeze $A_n B_n C_n D_n$.

   Außerdem gilt: x–Wert von $A_n < 5$ und x–Wert von $B_n > -2$; M_n Mittelpunkt von $\overline{A_n B_n}$; N_n Mittelpunkt von $\overline{C_n D_n}$; $|\overline{M_n N_n}| = 2$ LE und $|\overline{C_n D_n}| = 2|\overline{A_n B_n}|$.

   Zeichne das Trapez $A_1 B_1 C_1 D_1$, wobei A_1 und B_1 den y–Wert 4 haben, in das Koordinatensystem ein.

d) Berechne die Koordinaten der Eckpunkte des Trapezes $A_1 B_1 C_1 D_1$.

e) Berechne den Flächeninhalt des Trapezes $A_1 B_1 C_1 D_1$.

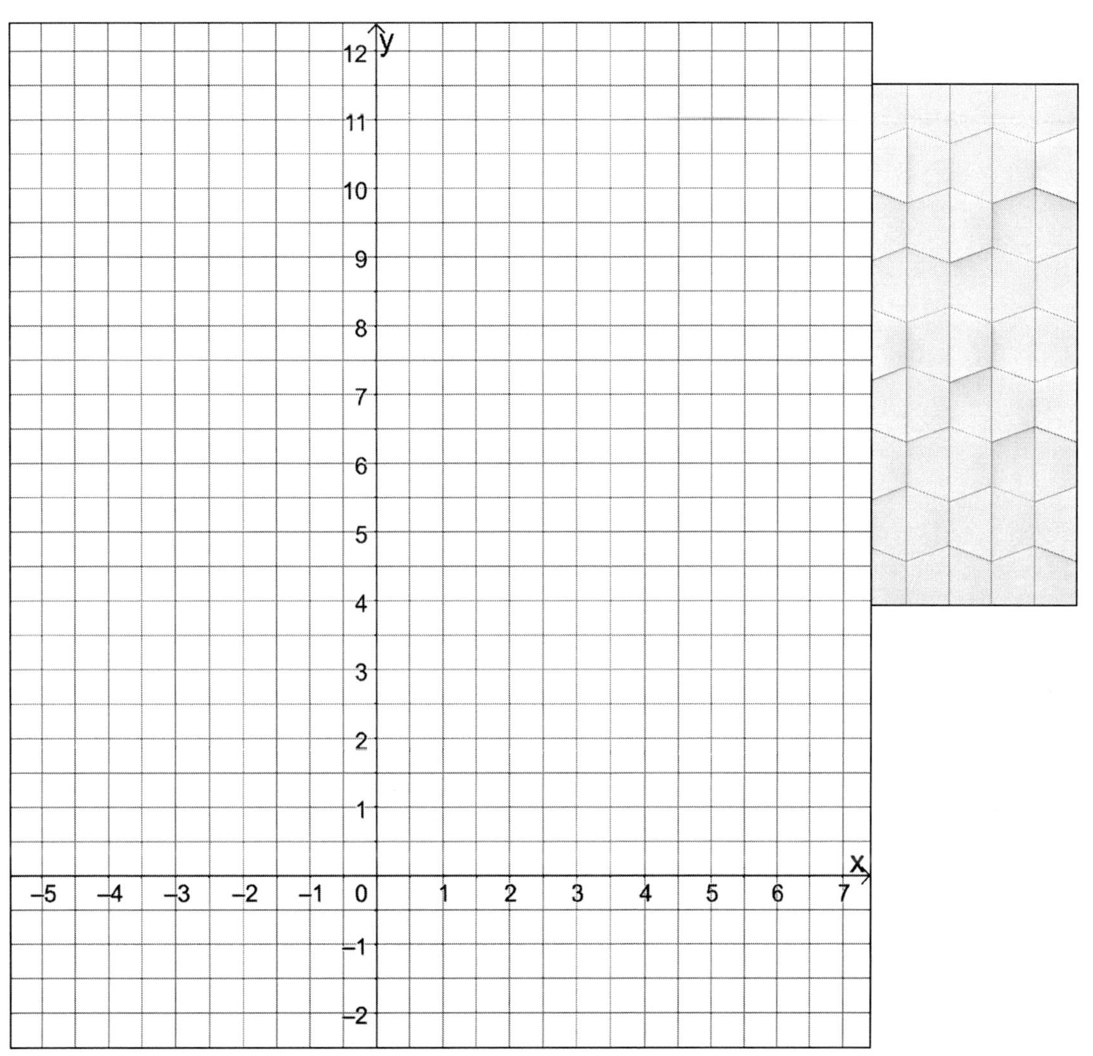

Stationenlernen Quadratische Funktionen – Bestell-Nr. 12 926
KOHL VERLAG

Lösung

E4

Geometrische Aufgaben

1. a)

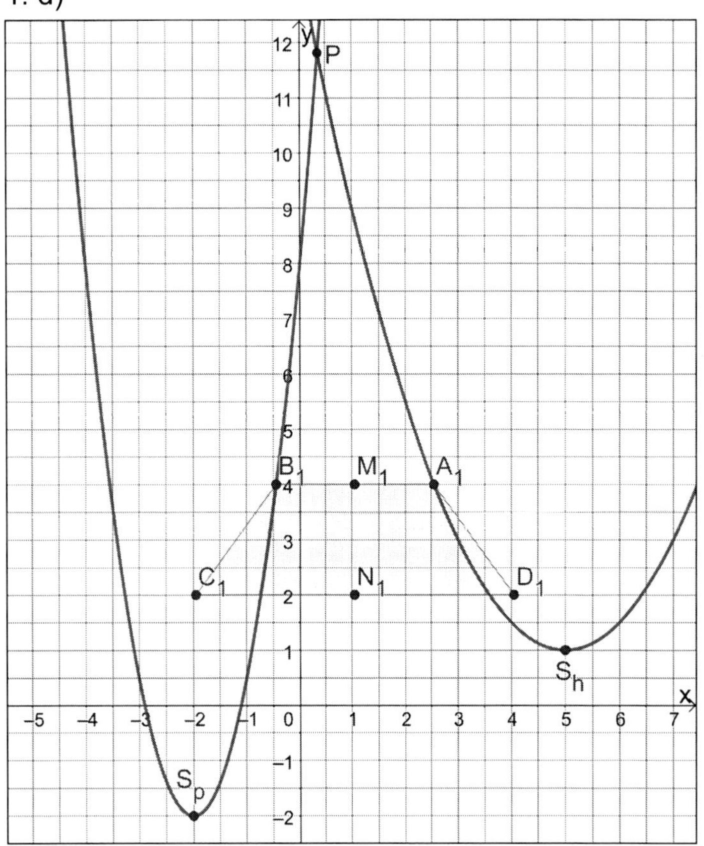

$S_P(-\frac{10}{2 \cdot 2{,}5} | 8 - \frac{10^2}{4 \cdot 2{,}5}) = S_h(-\frac{-5}{2 \cdot 0{,}5} | 13{,}5 - \frac{(-5)^2}{4 \cdot 0{,}5}) = S_h(5|1)$

b) $2{,}5x^2 + 10x + 8 = 0{,}5x^2 - 5x + 13{,}5 \quad |- 0{,}5x^2 + 5x - 13{,}5$

$2x^2 + 15x - 5{,}5 = 0 \qquad x_{1/2} = \frac{-15 \pm \sqrt{15^2 - 4 \cdot 2 \cdot (-5{,}5)}}{2 \cdot 2}$

$x_1 = 0{,}35;\ x_2 = -7{,}85 \qquad P(0{,}35 | 11{,}81);\ Q(-7{,}85 | 83{,}56)$

c) s. Bild oben

d) A_1: $4 = 0{,}5x^2 - 5x + 13{,}5 \quad |- 4$

$0 = 0{,}5x^2 - 5x + 9{,}5$

$x_{1/2} = \frac{-(-5) \pm \sqrt{(-5)^2 - 4 \cdot 0{,}5 \cdot 9{,}5}}{2 \cdot 0{,}5}$

$[x_1 = 7{,}45];\ x_2 = 2{,}55$

$A_1\ (2{,}55 | 4)$

B_1: $4 = 2{,}5x^2 + 10x + 8 \quad |- 4$

$0 = 2{,}5x^2 + 10x + 4$

$x_{1/2} = \frac{-10 \pm \sqrt{10^2 - 4 \cdot 2{,}5 \cdot 4}}{2 \cdot 2{,}5}$

$x_1 = -0{,}45;\ [x_2 = -3{,}55]$

$B_1\ (-0{,}45 | 4)$

$M_1\ (-\frac{2{,}55 + (-0{,}45)}{2} | \frac{4 + 4}{2 \cdot 0{,}5});\ M_1\ (1{,}05 | 4);\ N_1(1{,}05 | 4 - 2);\ |\overline{C_1 D_1}| = 2|\overline{A_1 B_1}|$
$= 2 \cdot (2{,}55 + 0{,}45) = 6$

$C_1\ (1{,}05 - 3 | 2) = C_1\ (-1{,}95 | 2);\ D_1\ (1{,}05 + 3 | 2) = D_1\ (4{,}05 | 2)$

e) $A(x) = 0{,}5 \cdot (A_1B_1 + C_1D_1) \cdot 2 = 2{,}55 - (-0{,}45) + 4{,}05 - (-1{,}95) = 9$ FE

F1

Funktionale Abhängigkeiten

1. Gegeben ist die Parabel p, welche den Scheitelpunkt $S(2|-3)$ hat und durch Punkt $A(0|-1)$ läuft.

a) Zeige, dass die Parabel p die Funktionsgleichung $y = 0{,}5x^2 - 2x - 1$ hat und zeichne p in das Koordinatensystem ein.

b) Berechne die Nullstellen der Parabel p.

c) Die Punkte $B_n\ (x|\ 0{,}5x^2 - 2x - 1)$ bilden zusammen mit den Punkten A und $C(3|\ 4)$ Dreiecke AB_nC. Zeichne die Dreiecke AB_1C für $x = 1$ und AB_2C für $x = 5$ in das Koordinatensystem ein.

d) Berechne die Schnittpunkte der Parabel p mit der Geraden g_{AC}.

e) Für welche Werte von x existieren die Dreiecke AB_nC?

f) Berechne den Flächeninhalt der Dreiecke AB_nC in Abhängigkeit von x.

g) Für welchen Wert von x ist das Dreieck AB_3C gerade 8 FE groß?

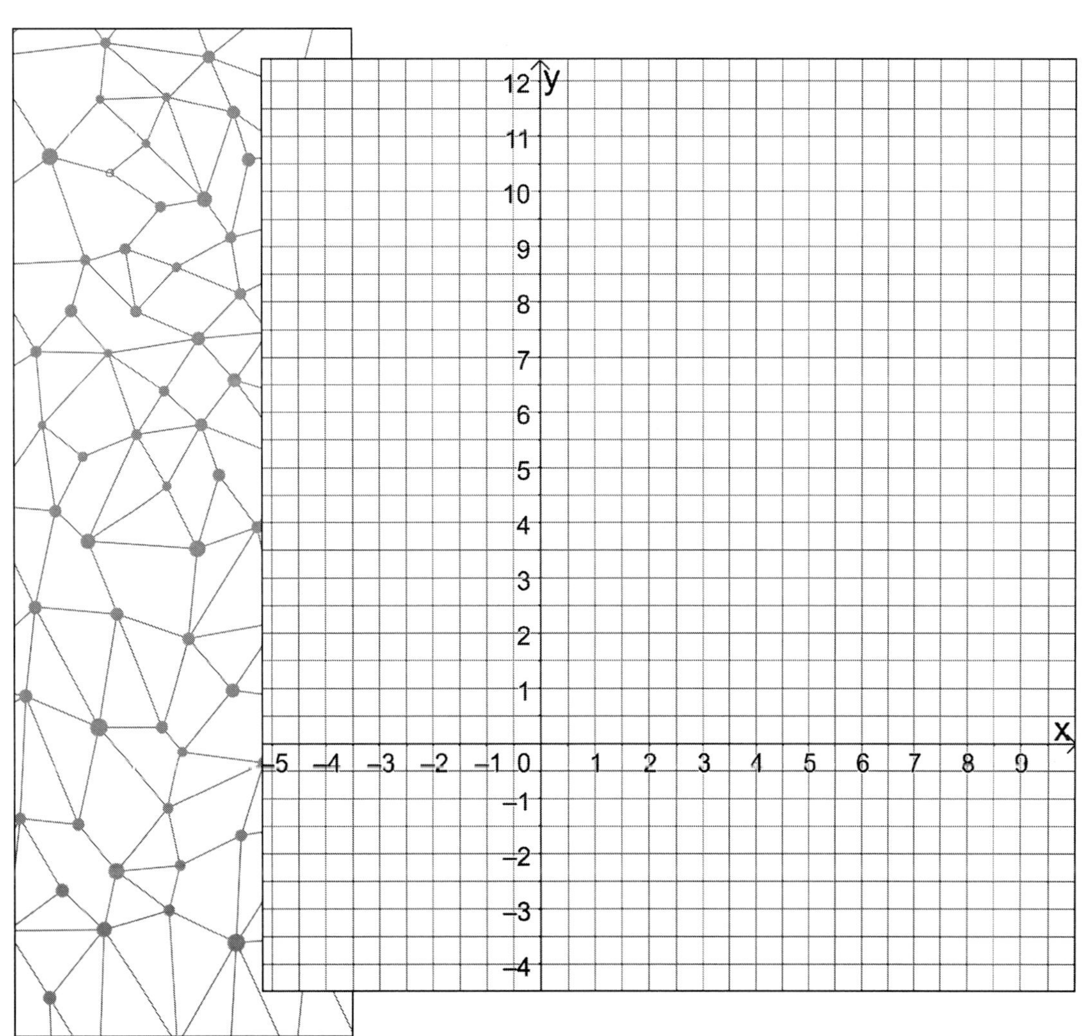

Lösung

F1

Funktionale Abhängigkeiten

1. a)

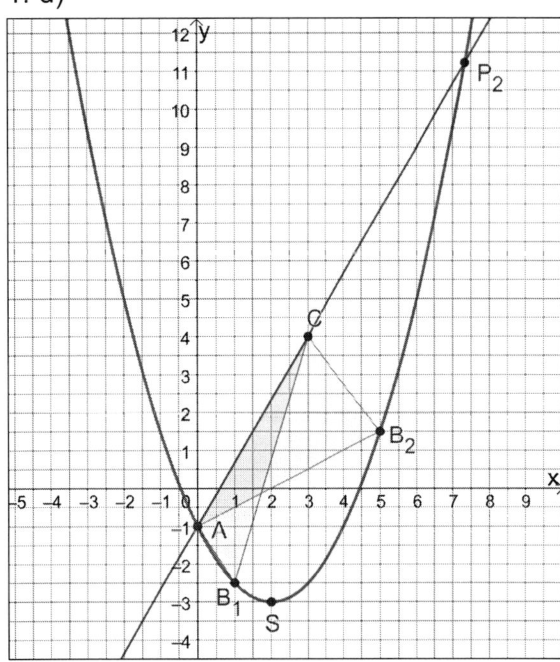

a) $-1 = a\,(0-2)^2 - 3 \quad |+3$

$2 = 4a \; |:4$

$a = 0{,}5$

$y = 0{,}5\,(x-2)^2 - 3$

$y = 0{,}5\,(x^2 - 4x + 4) - 3$

$y = 0{,}5x^2 - 2x - 1$

b) $0 = 0{,}5x^2 - 2x - 1 \qquad x_{1/2} = \dfrac{-(-2) \pm \sqrt{(-2)^2 - 4 \cdot 0{,}5 \cdot (-1)}}{2 \cdot 0{,}5}$

$x_1 = 4{,}45;\; x_2 = -0{,}45 \qquad N_1\,(4{,}45\,|\,0);\; N_2\,(-0{,}45\,|\,0)$

c) s. Bild oben

d) $m_{AC} = \dfrac{4-(-1)}{3-0} = \dfrac{5}{3} \qquad t = -1 \quad g\colon y = \dfrac{5}{3}x - 1$

$\dfrac{5}{3}x - 1 = 0{,}5x^2 - 2x - 1 \quad \left|-\dfrac{5}{3}x + 1\right.$

$0 = 0{,}5x^2 - \dfrac{11}{3}x \qquad 0 = x\,(0{,}5x - \dfrac{11}{3}) \qquad x_1 = 0$

$0 = 0{,}5x - \dfrac{11}{3} \quad \left|+\dfrac{11}{3}\right. \qquad \dfrac{11}{3} = 0{,}5x \;\; |:0{,}5 \qquad x_2 = 7{,}33 \qquad P_1\,(0\,|\,-1);\; P_2\,(7{,}33\,|\,11{,}22)$

e) nur für $0 < x < 7{,}33$; für $x = 0$ oder $x = 7{,}33$ sind es Strecken; sonst sind es Dreiecke ACB_n.

f) $\overrightarrow{AC} = \begin{pmatrix} 3-0 \\ 4-(-1) \end{pmatrix} = \begin{pmatrix} 3 \\ 5 \end{pmatrix} \qquad \overrightarrow{AB_n} = \begin{pmatrix} x-0 \\ 0{,}5x^2 - 2x - 1 - (-1) \end{pmatrix} = \begin{pmatrix} x \\ 0{,}5x^2 - 2x \end{pmatrix}$

$A(x) = \begin{vmatrix} x & 3 \\ 0{,}5x^2 - 2x & 5 \end{vmatrix} =$

$A(x) = 0{,}5\,[5x - 3(0{,}5x^2 - 2x)]$

$A(x) = 0{,}5\,[5x - 1{,}5x^2 + 6x]$

$A(x) = (-0{,}75x^2 + 5{,}5x)$ FE

g) $8 = -0{,}75x^2 + 5{,}5x \quad |-8 \qquad 0 = -0{,}75x^2 + 5{,}5x - 8$

$x_{1/2} = \dfrac{-(-5) \pm \sqrt{5{,}5^2 - 4 \cdot (-0{,}75) \cdot (-8)}}{2 \cdot (-0{,}75)}$

$x_1 = 2;\; x_2 = 5{,}33$

Es gibt sogar zwei Dreiecke mit 8 FE.

Funktionale Abhängigkeiten

1. *Gegeben sind die Parabel p, welche durch die Punkte $P(-1 \mid 0), Q(0 \mid 3)$ und $R(-2 \mid -6)$ verläuft, und die Gerade g mit $y = 0{,}75x - 3$.*

a) Zeige, dass die Parabel p die Funktionsgleichung: $y = -1{,}5x^2 + 1{,}5x + 3$ hat und zeichne p und g in das Koordinatensystem ein.

b) Berechne die Schnittpunkte der Parabel mit der Geraden g.

c) Die Punkte $A_n \in p$ und $B_n \in g$ haben stets dieselbe Abszisse x und bilden zusammen mit den Punkten C_n und D_n Parallelogramme $A_n B_n C_n D_n$. Dabei gilt: $\overrightarrow{A_n D_n} = \binom{3}{1}$. Zeichne die Parallelogramme $A_1 B_1 C_1 D_1$ für $x = 0$ und $A_2 B_2 C_2 D_2$ für $x = 2$ in das Koordinatensystem ein.

d) Für welche Werte von x existieren die Parallelogramme $A_n B_n C_n D_n$?

e) Berechne den Flächeninhalt der Parallelogramme $A_n B_n C_n D_n$ in Abhängigkeit von x.

f) Gibt es ein Parallelogramm mit einem Flächeninhalt von 12 FE?

g) Gibt es unter den Parallelogrammen eine Raute? Überprüfe rechnerisch.

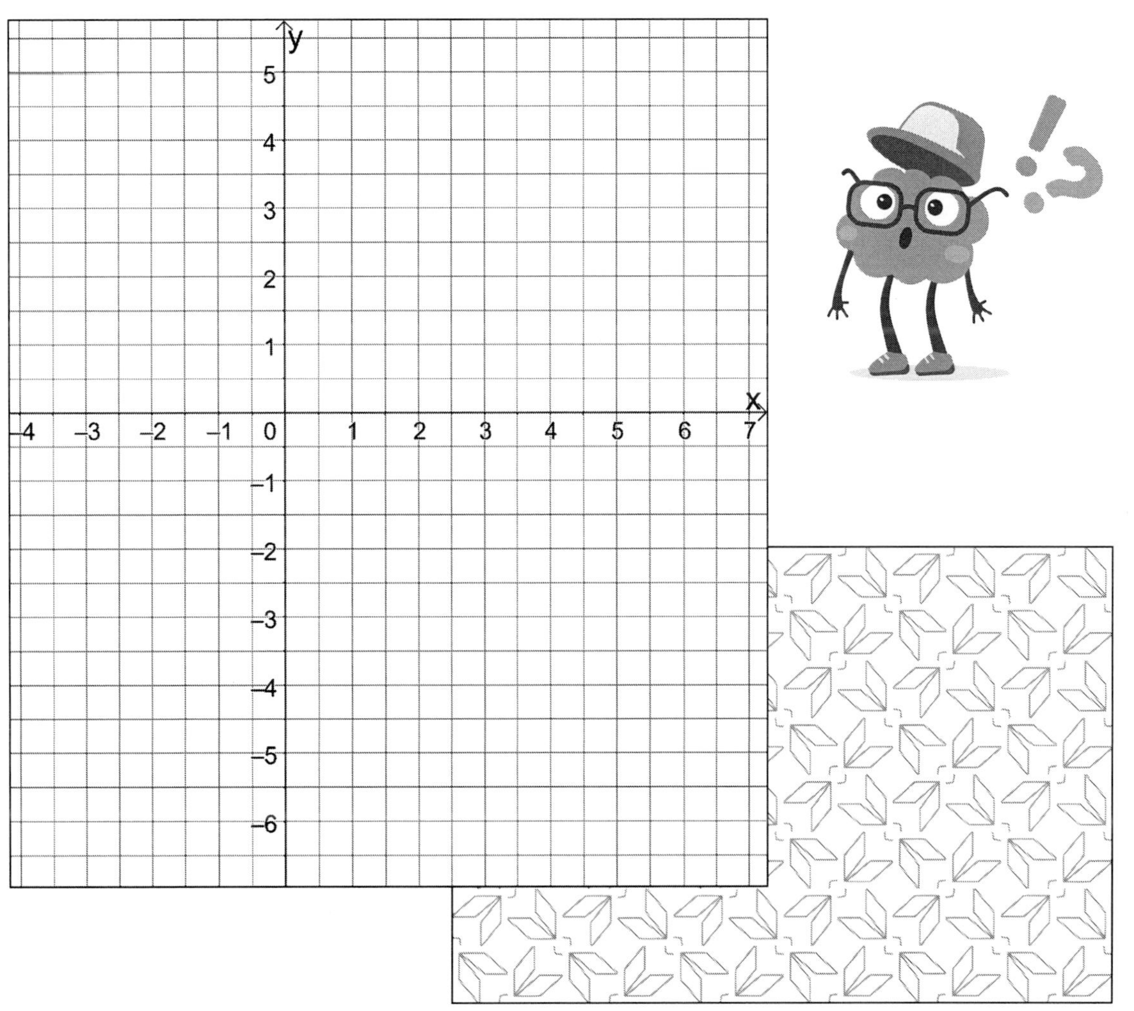

KOHL VERLAG

Lösung

F2

Funktionale Abhängigkeiten

1. a)

I: $0 = a \cdot (-1)^2 + b \cdot (-1) + c$ II: $3 = c$ III: $-6 = a \cdot (-2)^2 + b \cdot (-2) + c$

I: $0 = a - b + 3 \quad |+b-3$ III: $-6 = 4a - 2b + 3$

I: $b-3 = a$ I in III: $-6 = 4 \cdot (b-3) - 2b + 3$

$-6 = 2b - 9 \quad |+9$

$3 = 2b \quad |:2$ $\mathbf{b = 1{,}5}$

b in I: $1{,}5 - 3 = a$ $\mathbf{a = -1{,}5}$

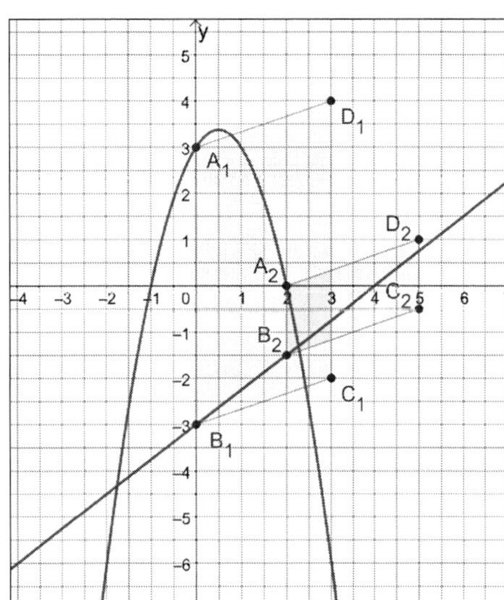

g) Bei einer Raute gilt: $|\overline{A_n B_n}| = |\overline{B_n C_n}|$

$\sqrt{0^2 + (1{,}5x^2 - 0{,}75x - 6^2} = \sqrt{3^2 + 1^2}$

$1{,}5x^2 - 0{,}75x - 6 = \sqrt{10} \quad |-\sqrt{10}$

$1{,}5x^2 - 0{,}75x - 9{,}16 = 0$

$$x_{1/2} = \frac{-(-0{,}75) \pm \sqrt{(0{,}75^2 - 4 \cdot 1{,}5 \cdot (-9{,}16)}}{2 \cdot 1{,}5}$$

$x_1 = 2{,}73$; $x_2 = -2{,}23$

Es existieren keine Rauten, da die Werte außerhalb des definierten Bereichs sind (siehe Teilaufgabe d).

b) $-1{,}5x^2 + 1{,}5x + 3 = 0{,}75x - 3 \quad |-0{,}75x + 3$ $-1{,}5x^2 + 0{,}75x + 6 = 0$

$$x_{1/2} = \frac{-0{,}75 \pm \sqrt{0{,}75^2 - 4 \cdot (-1{,}5) \cdot 6}}{2 \cdot (-1{,}5)}$$ $x_1 = -1{,}77$; $x_2 = 2{,}27$ $S_1\,(-1{,}77\,|\,-4{,}32)$ und $S_2\,(2{,}27\,|\,-1{,}30)$

$x_1 = 4{,}45$; $x_2 = -0{,}45$ $N_1\,(4{,}45\,|\,0)$; $N_2\,(-0{,}45\,|\,0)$

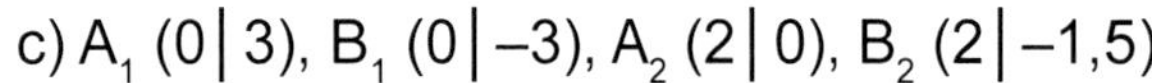

c) $A_1\,(0\,|\,3)$, $B_1\,(0\,|\,-3)$, $A_2\,(2\,|\,0)$, $B_2\,(2\,|\,-1{,}5)$;

$D_1\,(0+3\,|\,3+1) = D_1\,(3\,|\,4)$; $C_1\,(0+3\,|\,-3+1) = C_1\,(3\,|\,-2)$

$D_2\,(2+3\,|\,0+1) = D_2\,(5\,|\,1)$; $C_2\,(2+3\,|\,-1{,}5+1) = C_2\,(5\,|\,-0{,}5)$; s. Bild oben

d) Die Parallelogramme $A_n B_n C_n D_n$ existieren für $-1{,}77 < x < 2{,}27$.

e) $$\overrightarrow{A_n B_n} = \binom{x - x}{1{,}5x^2 - 3 - (-1{,}5x^2 + 1{,}5x + 3)} = \binom{0}{1{,}5x^2 - 0{,}75x - 6}$$

$$A(x) = \begin{vmatrix} 0 & 3 \\ 1{,}5x^2 - 0{,}75x - 6 & 1 \end{vmatrix} = 1 \cdot 0 - 3 \cdot (1{,}5x^2 - 0{,}75x - 6)$$

$A(x) = (-4{,}5x^2 + 2{,}25x + 18)$ FE

f) $-4{,}5x^2 + 2{,}25x + 18 = 12 \quad |-12$

$-4{,}5x^2 + 2{,}25x + 6 = 0$

$$x_{1/2} = \frac{-2{,}25 \pm \sqrt{2{,}25^2 - 4 \cdot (-4{,}5) \cdot 6}}{2 \cdot (-4{,}5)}$$

$x_1 = -0{,}93$; $x_2 = 1{,}43$

Es gibt sogar 2 Parallelogramme mit 12 FE.

F3

Funktionale Abhängigkeiten

1. Gegeben ist die Parabel p, welche durch den Scheitel $S(\frac{8}{9} \mid -\frac{43}{9})$ und den Punkt $P(2 \mid -2)$ läuft.

a) Zeige, dass die Parabel p die Funktionsgleichung $y = 2{,}25x^2 - 4x - 3$ hat, und zeichne p sowie die Gerade g: $y = 0{,}25x + 4$ in das Koordinatensystem ein.

b) In welchen Punkten schneidet die Parabel p die Gerade g ?

c) Die Punkte $C_n\ (x \mid 2{,}25x^2 - 4x - 3)$ bilden zusammen mit den beiden Schnittpunkten der Parabel und der Geraden sowie mit dem Punkt $D(6 \mid 1)$ Vierecke ABC_nD. Zeichne die Vierecke ABC_1D für $x = -0{,}5$ und ABC_2D für $x = 2$ ein.

d) Für welche Werte von x existieren die Vierecke ABC_nD ?

e) Zeige, dass für den Flächeninhalt der Vierecke ABC_nD in Abhängigkeit von x Folgendes gilt:

$$A(x) = (-7{,}94x^2 + 12{,}75x + 31{,}36)\ FE$$

f) Für welchen Wert von x haben die Teildreiecke ABD und BC_3D den gleichen Flächeninhalt?

g) Kann es unter den Vierecken ABC_nD eine Raute geben? Begründe rechnerisch.

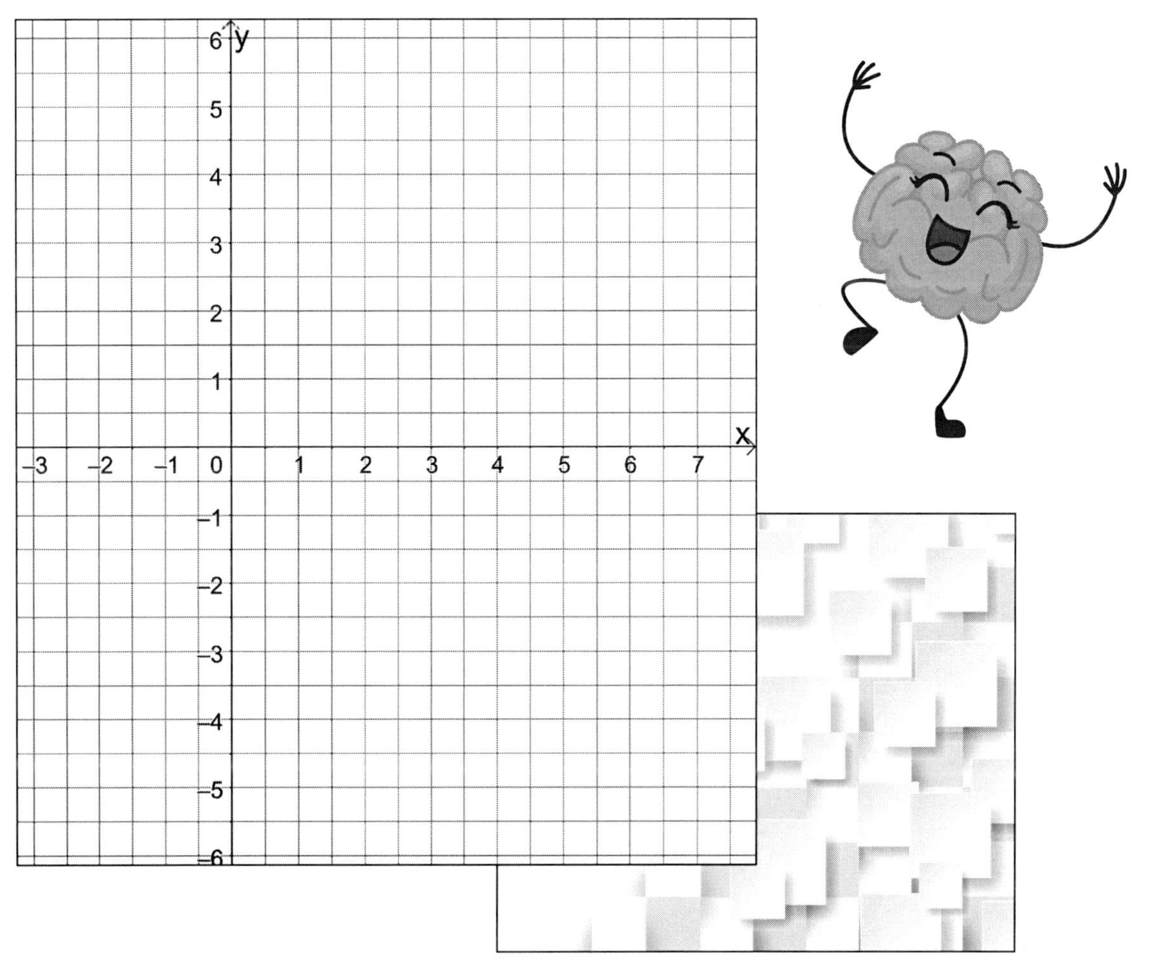

KOHL VERLAG Stationenlernen Quadratische Funktionen – Bestell-Nr. 12 926

Lösung

F3

Funktionale Abhängigkeiten

1. a)

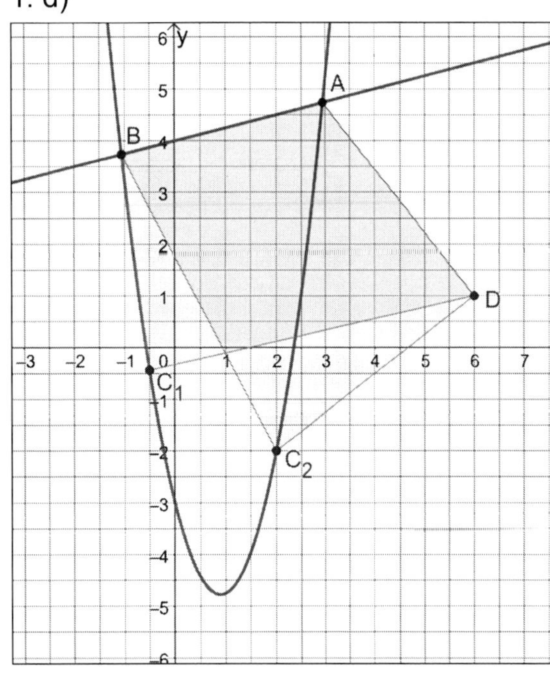

g) Bei einer Raute sind alle 4 Seiten gleich lang.

Also gilt: $|\overline{AB}| = |\overline{AD}|$

$\sqrt{(-4{,}01)^2 + (-1)^2} = \sqrt{3{,}05^2 + (-3{,}74)^2}$

4,13 = 4,83 Deswegen kann es keine Rauten unter den Vierecken geben.

$-2 = a(2 - \frac{8}{9})^2 - \frac{43}{9} \quad |+\frac{43}{9}$

$\frac{25}{9} = \frac{100}{81}a \quad |:\frac{100}{81} \qquad a = \frac{9}{4} = 2{,}25$

$y = \frac{9}{4}(x - \frac{8}{9})^2 - 43/9$

$y = \frac{9}{4}(x^2 - \frac{16}{9}x + \frac{64}{81}) - \frac{43}{9}$

$y = 2{,}25x^2 - 4x - 3$

b) $2{,}25x^2 - 4x - 3 = 0{,}25x + 4 \quad |-0{,}25x - 4$

$2{,}25x^2 - 4{,}25x - 7 = 0$

$x_{1/2} = \frac{-(-4{,}25) \pm \sqrt{(-4{,}25)^2 - 4 \cdot 2{,}25 \cdot (-7)}}{2 \cdot 2{,}25}$

$x_1 = 2{,}95$; $x_2 = -1{,}06$

A(2,95 | 4,74) und B(–1,06 | 3,74)

c) $\frac{9}{4} \cdot \frac{1}{4} - 4 \cdot (-\frac{1}{4}) - 3 = \frac{9}{16} + \frac{32}{16} - \frac{48}{16} = -\frac{7}{16}$; $2{,}25 \cdot 4 - 4 \cdot 2 - 3 = -2$;

C1($-0{,}5$|$-\frac{7}{16}$); C2(2|–2)

d) $-1{,}06 < x < 2{,}95$

e) $\overrightarrow{AB} = \begin{pmatrix} -4{,}01 \\ -1 \end{pmatrix}$; $\overrightarrow{AD} = \begin{pmatrix} 3{,}05 \\ -3{,}74 \end{pmatrix}$; $\overrightarrow{BC_n} = \begin{pmatrix} x - (-1{,}06) \\ 2{,}25x^2 - 4x - 3 - 3{,}74 \end{pmatrix} = \begin{pmatrix} x + 1{,}06 \\ 2{,}25x^2 - 4x - 6{,}74 \end{pmatrix}$;

$\overrightarrow{BD} = \begin{pmatrix} 7{,}06 \\ -2{,}74 \end{pmatrix}$

$A(x) = 0{,}5\begin{vmatrix} -4{,}01 & 3{,}05 \\ -1 & -3{,}74 \end{vmatrix} + 0{,}5\begin{vmatrix} x + 1{,}06 & 7{,}06 \\ 2{,}25x^2 - 4x - 6{,}74 & -2{,}74 \end{vmatrix} =$

$= 9{,}02 + 0{,}5(-15{,}89x^2 + 25{,}5x + 44{,}68) = (-7{,}94x^2 + 12{,}75x + 31{,}36)$ FE

f) $9{,}02 = -7{,}94x^2 + 12{,}75x + 22{,}34 \quad |-9{,}02 \qquad -7{,}94x^2 + 12{,}75x + 13{,}32 = 0$

$x_{1/2} = \frac{-12{,}75 \pm \sqrt{12{,}75^2 - 4 \cdot (-7{,}94) \cdot 13{,}32}}{2 \cdot (-7{,}94)}$

$x_1 = -0{,}72$; $x_2 = 2{,}33$ Für $x = -0{,}72$ und $x = 2{,}33$ ist der Flächeninhalt gleich.

G1

Scheitelpunkt Suchsel 1

Hier im Koordinatensystem ist jeder Punkt einem Buchstaben zugeordnet. Berechne den Scheitelpunkt der jeweiligen Parabelgleichung und finde so 3 verschiedene Jugendwörter des Jahres heraus.

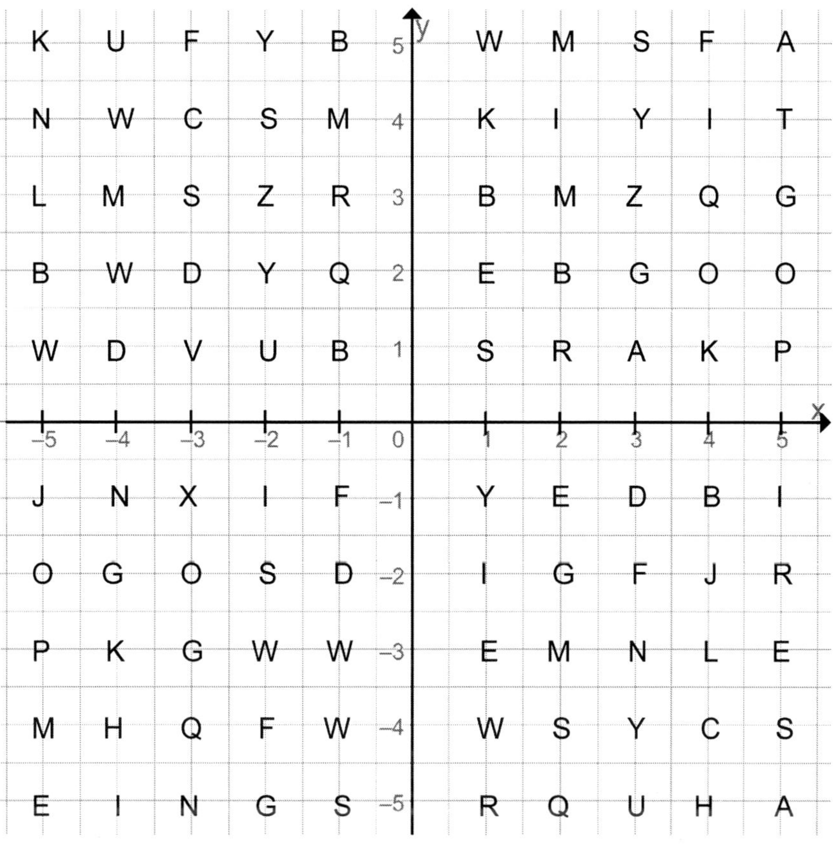

1.	
$y = 3\,(x + 2)^2 + 4$	
$y = -\,(x + 5)^2 + 1$	
$y = 0{,}5\,(x - 5)^2 - 5$	
$y = (x - 2)^2 - 2$	

2.	
$y = 8\,(x - 1)^2 + 1$	
$y = -0{,}2\,(x - 2)^2 - 3$	
$y = -4\,(x + 5)^2 - 2$	
$y = -0{,}2\,(x - 2)^2 - 3$	
$y = (x - 4)^2 - 1$	
$y = 3\,(x - 5)^2 - 1$	
$y = -7\,(x - 1)^2 - 3$	

3.	
$y = 8x^2 + 48x + 76$	
$y = -2x^2 + 8x - 1$	
$y = -1{,}5x^2 - 12x - 29$	
$y = 4x^2 + 32x + 63$	
$y = 3x^2 - 18x + 29$	
$y = -5x^2 + 10x - 4$	

Lösung

G1

Scheitelpunkt Suchsel 1

1.	
$y = 3\,(x + 2)^2 + 4$	**S**
$y = -\,(x + 5)^2 + 1$	**W**
$y = 0{,}5\,(x - 5)^2 - 5$	**A**
$y = (x - 2)^2 - 2$	**G**
Jugendwort des Jahres 2011	

2.	
$y = 8\,(x - 1)^2 + 1$	**S**
$y = -0{,}2\,(x - 2)^2 - 3$	**M**
$y = -4\,(x+5)^2 - 2$	**O**
$y = -0{,}2\,(x - 2)^2 - 3$	**M**
$y = (x - 4)^2 - 1$	**B**
$y = 3\,(x - 5)^2 - 1$	**I**
$y = -7\,(x - 1)^2 - 3$	**E**
Jugendwort des Jahres 2015	

3.	Scheitelpunktform als Hilfe	
$y = 8x^2 + 48x + 76$	$y = 8\,(x + 3)^2 + 4$	**C**
$y = -\,2x^2 + 8x - 1$	$y = -\,2(x - 2)^2 + 1$	**R**
$y = -\,1{,}5x^2 - 12x - 29$	$y = -\,1{,}5(x + 4)^2 - 5$	**I**
$y = 4x^2 + 32x + 63$	$y = 4\,(x + 4)^2 - 1$	**N**
$y = 3x^2 - 18x + 29$	$y = 3\,(x - 3)^2 + 2$	**G**
$y = -\,5x^2 + 10x - 4$	$y = -\,5\,(x - 1)^2 + 2$	**E**
Jugendwort des Jahres 2021		

Scheitelpunkt Suchsel 2

Hier im Koordinatensystem ist jeder Punkt einem Buchstaben zugeordnet. Berechne den Scheitelpunkt der jeweiligen Parabelgleichung und finde so ein Wort des Jahres.

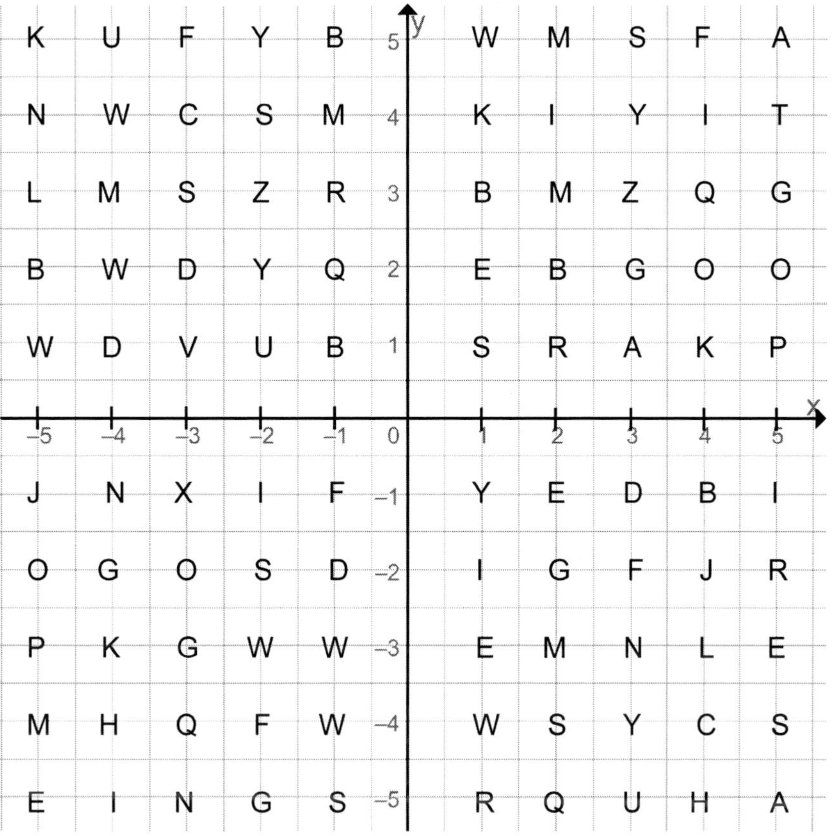

1.	
$y = 0{,}5\,(x-4)^2 + 1$	
$y = 2\,(x-4)^2 - 3$	
$y = x^2 + 4x + 3$	
$y = 9\,(x+5)^2 \quad 4$	
$y = 3\,(x-5)^2 + 5$	

2.	
$y = -3\,(x-4)^2 + 1$	
$y = 2\,(x-3)^2 + 1$	
$y = x^2 - 10x + 29$	
$y = 2\,(x-3)^2 + 1$	
$y = -x^2 - 2x - 6$	

3.	
$y = x^2 - 10x + 29$	
$y = -7\,(x+1)^2 + 3$	
$y = 5x^2 + 30x + 43$	
$y = -3\,(x+5)^2 - 3$	
$y = 2\,(x+4)^2 - 4$	
$y = 0{,}25\,(x-5)^2 - 3$	

Stationenlernen Quadratische Funktionen – Bestell-Nr. 12 926
KOHL VERLAG

Lösung

G2

Scheitelpunkt Suchsel 2

1.	
$y = 0{,}5\,(x-4)^2 + 1$	**K**
$y = 2\,(x-4)^2 - 3$	**L**
$y = x^2 + 4x + 3$	**I**
$y = 9\,(x+5)^2 - 4$	**M**
$y = 3\,(x-5)^2 + 5$	**A**

2.	
$y = -3\,(x-4)^2 + 1$	**K**
$y = 2\,(x-3)^2 + 1$	**A**
$y = x^2 - 10x + 29$	**T**
$y = 2\,(x-3)^2 + 1$	**A**
$y = -x^2 - 2x - 6$	**S**

3.	
$y = x^2 - 10x + 29$	**T**
$y = -7\,(x+1)^2 + 3$	**R**
$y = 5x^2 + 30x + 43$	**O**
$y = -3\,(x+5)^2 - 3$	**P**
$y = 2\,(x+4)^2 - 4$	**H**
$y = 0{,}25\,(x-5)^2 - 3$	**E**

Klimakatastrophe – Wort des Jahres 2007.

Umwandlung Allgemeine Form in Scheitelpunktform als Hilfe zur Lösung:

$y = x^2 + 4x + 3$ $= (x+2)^2 - 1$	$y = x^2 - 10x + 29$ $= (x-5)^2 + 4$	$y = x^2 - 10x + 29$ $= (x-5)^2 + 4$
	$y = -x^2 - 2x - 6$ $= -(x+1)^2 - 5$	$y = 5x^2 + 30x + 43$ $= 5(x+3)^2 - 2$

G3

Malen mit Parabeln 1

Zeichne (mit GeoGebra) die folgenden 14 Funktionen (genau genommen ist Nr. 6 eine Relation) in ein Koordinatensystem ein. Achte dabei auf die angegebenen Intervalle. Größe für das Koordinatensystem: $0 \le x \le 10$; $0 \le y \le 10$

1. $y = 0{,}5x + 7{,}25;\ x \in [0{,}5;\ 1{,}5]$
2. $y = -0{,}5x + 7{,}75;\ x \in [0{,}5;\ 1{,}5]$
3. $y = -0{,}5\,(x - 2{,}5)^2 + 8{,}5;\ x \in [1{,}5;\ 3{,}5]$
4. $y = 0{,}5\,(x - 2{,}5)^2 + 6{,}5;\ x \in [1{,}5;\ 3{,}5]$
5. $y = -x^2 + 6{,}5x - 2{,}5;\ x \in [3{,}5;\ 4{,}5]$
6. $x = 3{,}5;\ y \in [6{,}5;\ 7]$
7. $y = x + 2;\ x \in [2;\ 4{,}5]$
8. $y = x + 3;\ x \in [1;\ 3{,}5]$
9. $y = 2x;\ x \in [1{,}5;\ 2]$
10. $y = 2x + 2;\ x \in [0{,}5;\ 1]$
11. $y = -x + 4{,}5;\ x \in [1{,}5;\ 2]$
12. $y = -1{,}5x + 3{,}75;\ x \in [0{,}5;\ 1{,}5]$
13. $y = -\frac{8}{49}\,(x - 5{,}5)^2 + 4{,}5;\ x \in [2;\ 10]$
14. $y = \frac{1}{16}\,(x - 5{,}5)^2 + 0{,}5;\ x \in [1{,}5;\ 10]$

G4

Malen mit Parabeln 2

Zeichne (mit GeoGebra) die folgenden 10 Funktionen in ein Koordinatensystem ein. Achte dabei auf die angegebenen Intervalle. Größe für das Koordinatensystem: $0 \le x \le 12$; $-4 \le y \le 5$

1. $y = -\frac{1}{3}x^2 + \frac{13}{6}x;\ x \in [0;\ 3{,}5]$
2. $y = 2x - 3{,}5;\ x \in [3;\ 3{,}5]$
3. $y = (x - 4)^2 + 1{,}5;\ x \in [3;\ 4{,}5]$
4. $y = 4{,}5x - 18{,}5;\ x \in [4{,}5;\ 5]$
5. $y = -2x + 14;\ x \in [5;\ 5{,}5]$
6. $y = 3;\ x \in [5{,}5;\ 5{,}75]$
7. $y = \frac{8}{15}x^2 - \frac{38}{15}x;\ x \in [0;\ 2{,}5]$
8. $y = -4x + 7;\ x \in [2{,}25;\ 2{,}5]$
9. $y = -0{,}89\,(x - 3)^2 - 1{,}5;\ x \in [2{,}25;\ 3{,}75]$
10. $y = -0{,}89\,(x - 4{,}5)^2 - 1{,}5;\ x \in [3{,}75;\ 5{,}75]$
11. Spiegle die Funktionen 1–10 an der Achse $x = 5{,}75$.

Stationenlernen Quadratische Funktionen – Bestell-Nr. 12 926

Lösung

G3

Malen mit Parabeln 1

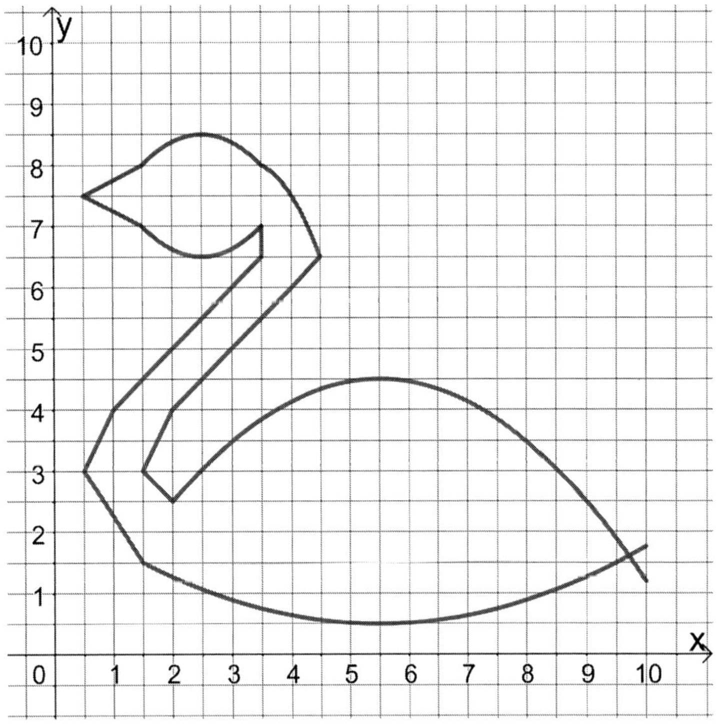

Lösung

G4

Malen mit Parabeln 2

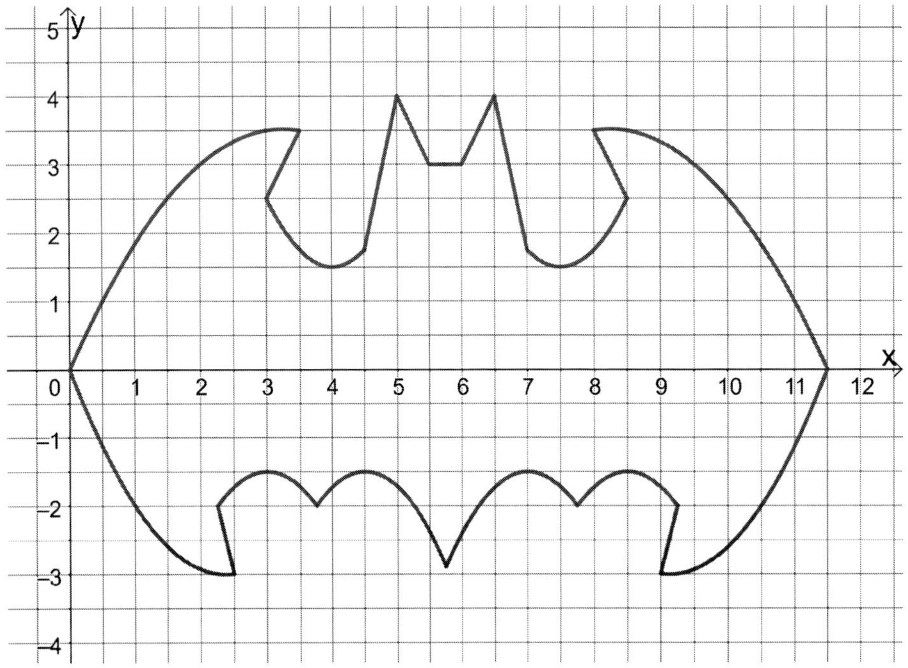

G5

Malen nach Parabeln 3

Zeichne (mit GeoGebra) die folgenden Funktionen in ein Koordinatensystem ein. Achte dabei auf die angegebenen Intervalle. Größe für das Koordinatensystem:
$0 \leq x \leq 13$; $0 \leq y \leq 8$

1. $y = 0{,}67\,(x - 3{,}5)^2 + 0{,}8$; $x \in [2{,}2;\ 4{,}8]$
2. $y = 2$; $x \in [1;\ 8{,}6]$
3. $y = -\,0{,}41x^2 + 2{,}87x - 0{,}46$; $x \in [1;\ 6]$
4. $y = 2{,}5$; $x \in [5{,}75;\ 8{,}9]$
5. $y = 3x - 1$; $x \in [1;\ 2]$
6. $y = 5$; $x \in [2;\ 6]$
7. $y = 5{,}5$; $x \in [2;\ 6]$
8. $y = -\,4x + 29$; $x \in [6;\ 6{,}62]$
9. $y = 6{,}67x^2 - 102{,}33x + 395{,}5$; $x \in [7{,}7;\ 8{,}22]$
10. $y = 3$; $x \in [6{,}5;\ 7{,}7]$
11. $y = -\,6{,}67x^2 + 102{,}33x - 385{,}5$; $x \in [7{,}7;\ 8{,}22]$
12. $y = 7$; $x \in [7;\ 8]$
13. $y = 7{,}25$; $x \in [7;\ 8]$
14. $y = -\,0{,}48x^2 + 10{,}05x - 49$; $x \in [8{,}5;\ 12{,}2]$
15. $y = 0{,}13x + 0{,}6$; $x \in [8{,}5;\ 12{,}2]$
16. $y = -\,0{,}185x^2 + 2{,}38x - 0{,}31$; $x \in [7{,}8;\ 11]$
17. $y = 0{,}67(x - 10{,}3)^2 + 0{,}8$; $x \in [9{,}1;\ 11{,}7]$
18. $y = -\,1{,}667x^2 + 27{,}584x - 106{,}5$; $x \in [7{,}8;\ 8.4]$
19. $y = -\,10(x - 8{,}4)^2 + 7{,}54$; $x \in [8{,}2;\ 8{,}6]$
20. $y = 10(x - 8{,}4)^2 + 6{,}71$; $x \in [8{,}2;\ 8{,}6]$
21. $y = 4$; $x \in [1{,}3;\ 1{,}6]$

Zeichne dann noch folgende Relationen für die Senkrechten ein.

1. $x = 1{,}3$; $y \in [3;\ 4]$
2. $x = 2$; $y \in [5;\ 5{,}5]$
3. $x = 6$; $y \in [5;\ 5{,}5]$
4. $x = 7$; $y \in [7;\ 7{,}25]$
5. $x = 8$; $y \in [7;\ 7{,}25]$

KOHL VERLAG Stationenlernen Quadratische Funktionen – Bestell-Nr. 12 926

Lösung

G5

Malen mit Parabeln 3

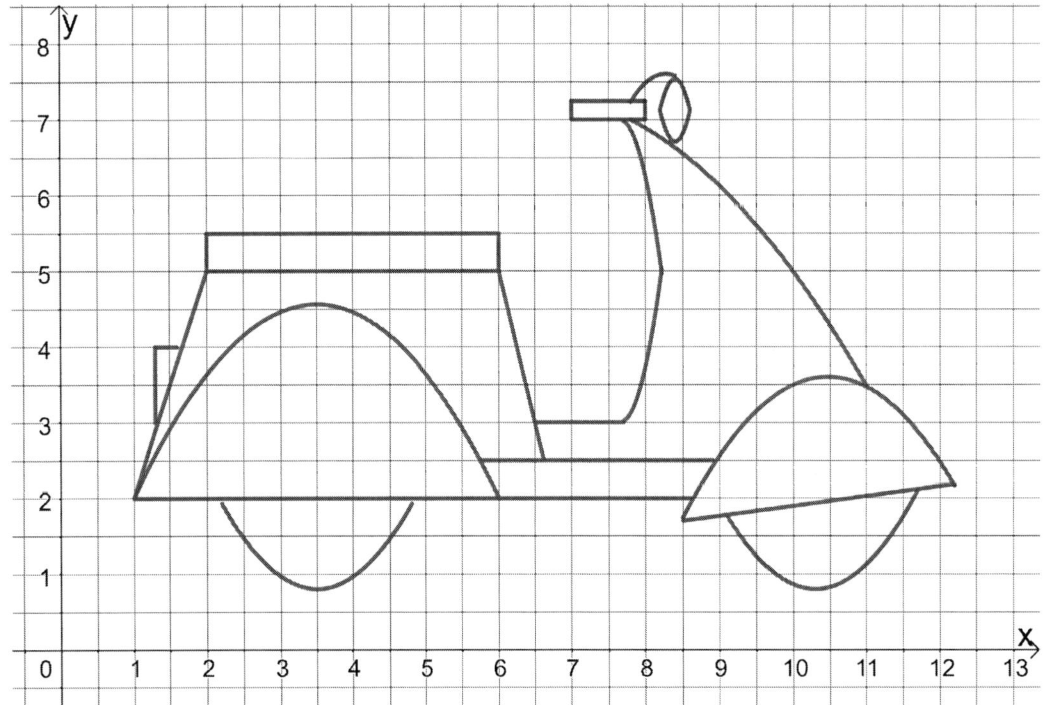

G6

Malen mit Parabeleigenschaften in Pixeln 1

Zur Erläuterung der Stationen G6-G8 zunächst 3 Beispiele:

Achtung: Es kann mehrere Möglichkeiten geben, falls eine Größe mit Hilfe eines Parameters angegeben ist (sieht 2. Beispiel), die dann alle angemalt werden müssen. Falls es keinerlei Informationen zu einer Größe gibt, darf nichts angemalt werden (siehe 3. Beispiel).	$x_s < 0$	$x_s = 0$	$x_s > 0$	Gestreckt	Gestaucht	Normalparabel	Maximum	Minimum	$y_s < 0$	$y_s = 0$	$y_s > 0$
1. $y = -3(x-2)^2 + 1$			■	■			■				■
2. $y = a(x-1)^2 + y_s$; $a \in \mathbb{R}\setminus\{0\}$; $y_s \in \mathbb{R}\setminus\{0\}$			■	■	■	■	■	■	■		■
3. $S(-7 \mid -3)$	■								■		

Male die Kästchen aus, die auf die gegebene Parabelfunktion zutreffen. Am Ende entsteht ein Bild.	$x_s < 0$	$x_s = 0$	$x_s > 0$	Gestreckt	Gestaucht	Normalparabel	Maximum	Minimum	$y_s < 0$	$y_s = 0$	$y_s > 0$			
$y = 3(x-5)^{?} - 2$														
$y = -0{,}11x^2$														
$y = -0{,}99x^2$														
$y = -0{,}1859323x^2$														
$y = -0{,}7629x^2$														
$y = -0{,}92134x^2$														
$y = -0{,}5x^2$														
$S(0 \mid 0)$														
$S(-5 \mid 10)$														
$y = 12(x+7)^2 + 9$														
$y = 100(x+89{,}3)^2 + 301$														
$S(-2 \mid 1)$						■								
$S(-0{,}3 \mid 1{,}5)$														
$S(0 \mid 0)$														
$y = a(x-8)^2 + y_s$; $a \in \mathbb{R}\setminus\{0\}$; $y_s \in \mathbb{R}\setminus\{0\}$												■	■	
$a = 4$; $y_s \leq 0$														■
$y = 9(x-13)^2$														■
$y = ax^2 - y_s$; $a \geq 1$; $y_s \geq 0$												■	■	
$y = ax^2 + 2{,}3$; $a \geq 1$														
$y = ax^2 + 5{,}7$; $a \geq 1$														
$y = a(x-x_s)^2 + y_s$; $a \in \mathbb{R}\setminus\{0\}$; $y_s \in \mathbb{R}$; $x_s \geq 0$														

Lösung

G6

Malen mit Parabeleigenschaften in Pixeln 1

Male die Kästchen aus, die auf die gegebene Parabelfunktion zutreffen. Am Ende entsteht ein Bild.	$x_s < 0$	$x_s = 0$	$x_s > 0$	Gestreckt	Gestaucht	Normalparabel	Maximum	Minimum	$y_s < 0$	$y_s = 0$	$y_s > 0$			
$y = 3(x-5)^2 - 2$			■	■				■	■					
$y = -0{,}11x^2$		■			■		■			■				
$y = -0{,}99x^2$		■			■		■			■				
$y = -0{,}1859323x^2$		■			■		■			■				
$y = -0{,}7629x^2$		■			■		■			■				
$y = -0{,}92134x^2$		■			■		■			■				
$y = -0{,}5x^2$		■			■		■			■				
$S(0 \mid 0)$		■								■				
$S(-5 \mid 10)$	■										■			
$y = 12(x+7)^2 + 9$	■			■				■			■			
$y = 100(x+89{,}3)^2 + 301$	■			■				■			■			
$S(-2 \mid 1)$	■					■					■			
$S(-0{,}3 \mid 1{,}5)$	■										■			
$S(0 \mid 0)$		■								■				
$y = a(x-8)^2 + y_s$; $a \in \mathbb{R}\backslash\{0\}$; y_s $\in \mathbb{R}\backslash\{0\}$			■	■	■	■	■	■	■		■	■	■	
$a = 4$; $y_s \leq 0$				■				■	■	■				■
$y = 9(x-13)^2$			■	■				■		■				■
$y = ax^2 - y_s$; $a \geq 1$; $y_s \leq 0$		■				■		■		■	■	■	■	
$y = ax^2 + 2{,}3$; $a \geq 1$		■				■		■			■			
$y = ax^2 + 5{,}7$; $a \geq 1$		■				■		■			■			
$y = a(x-x_s)^2 + y_s$; $a \in \mathbb{R}\backslash\{0\}$; $y_s \in R$; $x_s \geq 0$		■	■	■	■	■	■	■	■	■	■			

Das ist ein Hase.

G7

Malen mit Parabeleigenschaften in Pixeln 2

Male die Kästchen aus, die auf die gegebene Parabelfunktion zutreffen. Am Ende entsteht ein Bild.			$x_s < 0$	$x_s = 0$	$x_s > 0$	Gestreckt	Gestaucht	Normalp.	Maximum	Minimum	$y_s < 0$	$y_s = 0$	$y_s > 0$
$a = -1$													
$a > 0$; $a \neq 1$; $x_s = 9$													
$S(x_s \leq 0 \mid -10)$													
$y_s = 0$													
$\lvert a \rvert = 1$; $y_s \in \mathbb{R}$													
$S(0 \mid 4{,}5)$													
$y_s = 876543121$													
$x_s = -7$; $-1 \leq a < 0$													

G8

Malen mit Parabeleigenschaften in Pixeln 2

Male die Kästchen aus, die auf die gegebene Parabelfunktion zutreffen. Am Ende entsteht ein Bild.	$x_s < 0$	$x_s = 0$	$x_s > 0$	Gestreckt	Gestaucht	Normalp.	Maximum	Minimum	$y_s < 0$	$y_s = 0$	$y_s > 0$		
$0 < \lvert a \rvert \leq 1$													
$y = a\,(x - 9)^2$; $\lvert a \rvert = 1$													
$y = 0{,}125\,(x - 12)^2$													
$y = a\,(x - 0{,}4)^2 + y_s$; $-1 \leq a < 0$; $y_s \leq 0$													
$x_s = 99$; $W = \{y \mid y \geq 5\}$; ohne y_s													
$x_s = 0$; $W = \{y \mid y \geq 12\}$; ohne y_s													
$x_s = -99$; $W = \{y \mid y \leq 5\}$; ohne y_s													
$x_s = -9$; $W = \{y \mid y \leq -2\}$; ohne y_s													
$x_s = -3$; $W = \{y \mid y \leq 0\}$; ohne y_s													
$x_s = -0{,}125$; $W = \{y \mid y \leq 13\}$; ohne y_s													
$x_s = -7$; $W = \{y \mid y \leq -7\}$; ohne y_s													
$x_s = -4563$; $W = \{y \mid y \leq 123\}$; ohne y_s													
$x_s = -63$; $W = \{y \mid y \leq 0{,}2\}$; ohne y_s													
$x_s = -12$; $W = \{y \mid y \leq 9\}$; ohne y_s													
$x_s = -0{,}001$; $W = \{y \mid y \leq 1\}$; ohne y_s													
$x_s = 0$; $W = \{y \mid y \geq 8\}$; ohne y_s													
$x_s = 10$; $W = \{y \mid y \geq 10\}$; ohne y_s													
$\lvert a \rvert = 1$; $y_s = 0$													

G7

Malen mit Parabeleigenschaften in Pixeln 2

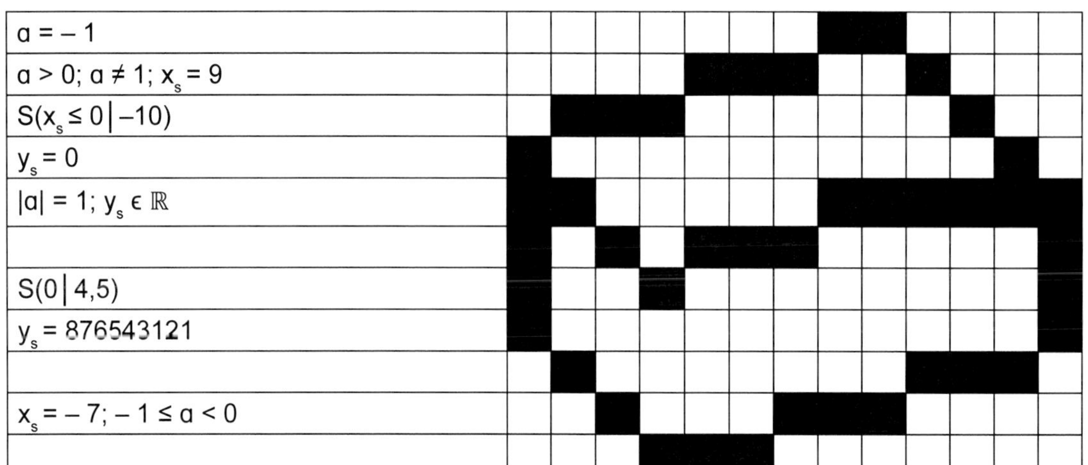

$a = -1$
$a > 0;\ a \neq 1;\ x_s = 9$
$S(x_s \leq 0 \mid -10)$
$y_s = 0$
$\lvert a\rvert = 1;\ y_s \in \mathbb{R}$
$S(0 \mid 4{,}5)$
$y_s = 876543121$
$x_s = -7;\ -1 \leq a < 0$

Das ist ein Tafelschwamm.

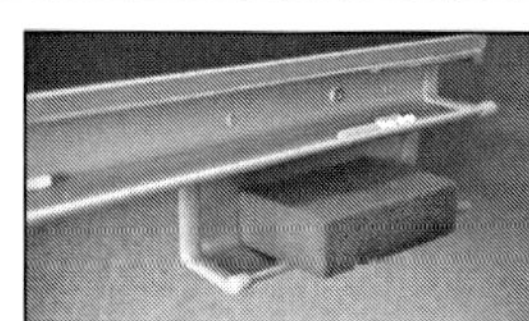

G8

Malen mit Parabeleigenschaften in Pixeln 2

$0 < \lvert a\rvert \leq 1$
$y = a\,(x-9)^2;\ \lvert a\rvert = 1$
$y = 0{,}125\,(x-12)^2$
$y = a\,(x-0{,}4)^2 + y_s;\ -1 \leq a < 0;\ y_s \leq 0$
$x_s = 99;\ W = \{y \mid y \geq 5\}$; ohne y_s
$x_s = 0;\ W = \{y \mid y \geq 12\}$; ohne y_s
$x_s = -99;\ W = \{y \mid y \leq 5\}$; ohne y_s
$x_s = -9;\ W = \{y \mid y \leq -2\}$; ohne y_s
$x_s = -3;\ W = \{y \mid y \leq 0\}$; ohne y_s
$x_s = -0{,}125;\ W = \{y \mid y \leq 13\}$; ohne y_s
$x_s = -7;\ W = \{y \mid y \leq -7\}$; ohne y_s
$x_s = -4563;\ W = \{y \mid y \leq 123\}$; ohne y_s
$x_s = -63;\ W = \{y \mid y \leq 0{,}2\}$; ohne y_s
$x_s = -12;\ W = \{y \mid y \leq 9\}$; ohne y_s
$x_s = -0{,}001;\ W = \{y \mid y \leq 1\}$; ohne y_s
$x_s = 0;\ W = \{y \mid y \geq 8\}$; ohne y_s
$x_s = 10;\ W = \{y \mid y \geq 10\}$; ohne y_s
$\lvert a\rvert = 1;\ y_s = 0$

Das ist eine Tasse, die gedreht ist.

G9

Spiel „Wer bin ich"

Anleitung:

Dieses Spiel wird mit einem Partner gespielt. Jeder sucht sich eine von den gegebenen 20 Parabeln aus. Das Ziel des Spiels ist es, die Parabel des Mitschülers mit Hilfe von verschiedenen Fragen herauszufinden. Dabei kannst du entweder nach konkreten Punkten auf der Parabel oder aber auch nach Eigenschaften fragen. Der Partner darf dabei nur mit Ja oder Nein antworten.

Gewonnen hat derjenige, der weniger Fragen zum Herausfinden der Parabel benötigt hat.

$y = 2x^2$	$y = -9x^2$	$y = \frac{1}{3}x^2$	$y = -4x^2$
$y = -x^2$	$y = 1{,}001x^2$	$y = -\frac{2}{3}x^2$	$y = \frac{11}{7}x^2$
$y = 0{,}1x^2$	$y = -2x^2$	$y = -3{,}5x^2$	$y = 13x^2$
$y = \frac{5}{4}x^2$	$y = 3{,}25x^2$	$y = (-\frac{2}{3}x)^2$	$y = \frac{6}{7}x^2$
$y = (-3)^2x^2$	$y = (\frac{3}{2}x)^2$	$y = -\frac{9}{4}x^2$	$y = \frac{4}{5}x^2$

Stationenlernen Quadratische Funktionen – Bestell-Nr. 12 926

Lösung

G10

Spiel „Triff den Punkt"

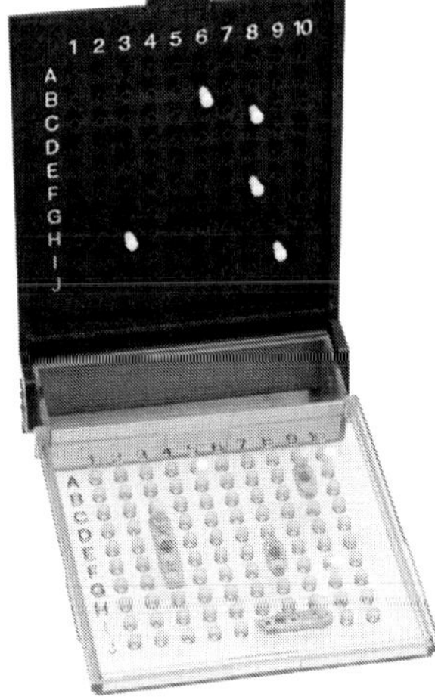

Vorbereitung:

- Suche dir einen Mitspieler.
- Das Koordinatensystem links unten steht für dein eigenes Gebiet, das andere rechts daneben für das Gebiet deines Mitspielers.
- Markiere in deinem Gebiet deinen Standort. Suche dir dazu dort einen Kreuzungspunkt auf den Gitterlinien aus und male hier einen gut sichtbaren Punkt hin.

Ziel:

Jeder Spieler versucht, den Standort des Mitspielers mit einer Parabel zu treffen (ohne den Scheitelpunkt)

Anleitung:

- Das Spiel verläuft ähnlich wie beim Spiel „Schiffe versenken".
- Der eine Spieler nennt eine Parabel in Scheitelpunktform und zeichnet diese rechts in dem gegnerischen Gebiet ein. Der Gegner zeichnet diese Parabel links in seinem eigenen Gebiet ein.
- Falls sein Standort von einer Parabel getroffen wurde, hat er das Spiel verloren. Andernfalls wird das Spiel mit vertauschten Rollen fortgesetzt.

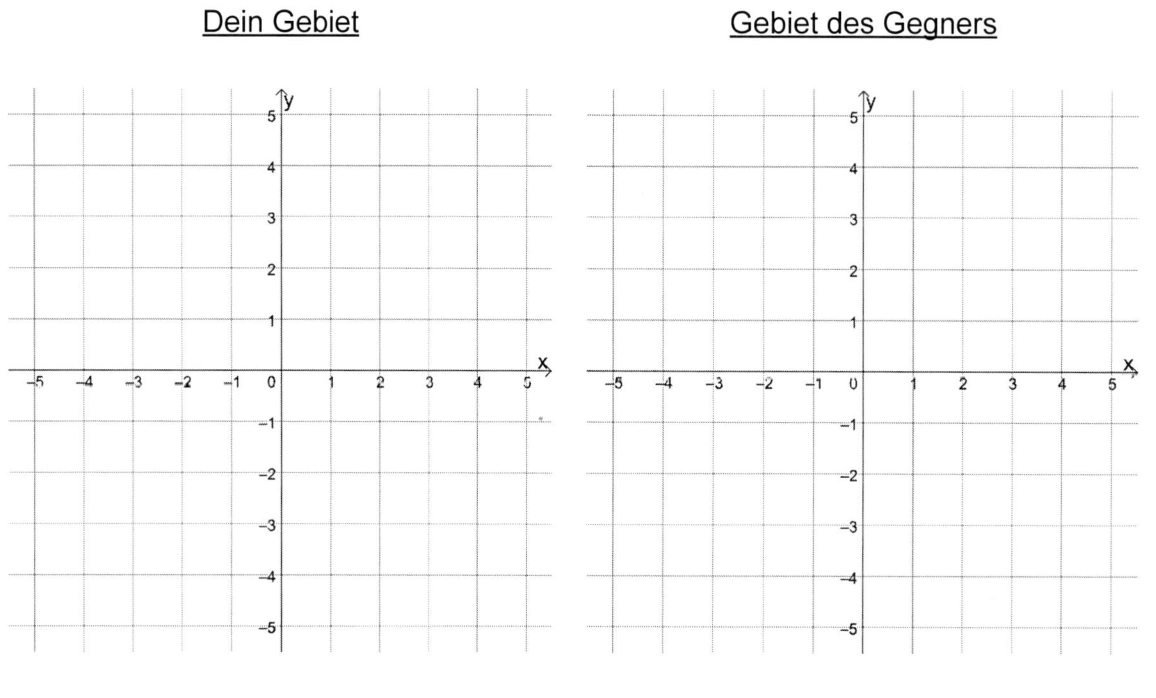